문학과지성 시인선 397

눈앞에 없는 사람

심보선 시집

문학과지성사

문학과지성사에서 펴낸 심보선의 시집

슬픔이 없는 십오 초(2008)
오늘은 잘 모르겠어(2017)

문학과지성 시인선 397
눈앞에 없는 사람

초판 1쇄 발행 2011년 8월 9일
초판 19쇄 발행 2025년 3월 31일

지 은 이 심보선
펴 낸 이 이광호
펴 낸 곳 ㈜문학과지성사
등록번호 제1993-000098호
주   소 04034 서울 마포구 잔다리로7길 18(서교동 377-20)
전   화 02)338-7224
팩   스 02)323-4180(편집) 02)338-7221(영업)
전자우편 moonji@moonji.com
홈페이지 www.moonji.com

ⓒ 심보선, 2011. Printed in Seoul, Korea

ISBN 978-89-320-2229-1 03810

이 책의 판권은 지은이와 ㈜문학과지성사에 있습니다.
양측의 서면 동의 없는 무단 전재 및 복제를 금합니다.

문학과지성 시인선 397
눈앞에 없는 사람

심보선

2011

Mundi에게

시인의 말

詩여, 너는 내게 단 한 번 물었는데
나는 네게 영원히 답하고 있구나.

2011년 8월
심보선

눈앞에 없는 사람

차례

시인의 말

제1부 들

말들 11
인중을 긁적거리며 12
의문들 16
나의 친애하는 단어들에게 18
나날들 21
필요한 것들 22
좋은 일들 24
외국인들 26
The Humor of Exclusion 30
텅 빈 우정 34
나무로 된 고요함 36
호시절 38
도시적 고독에 관한 가설 40
집 42
거기 나지막한 돌 하나라도 있다면 44
낙화 49
소년 자문자답하다 50
찬란하지 않은 돌 52

시초 54
지금 여기 56
영혼은 나무와 나무 사이에 58
심장은 미래를 탄생시킨다 60
첫 줄 62

제2부 둘

이 별의 일 65
Mundi에게 66
'나'라는 말 73
매혹 76
새 79
잎사-귀로 듣다 82
늦잠 84
잃어버린 선물 86
별 87
붉은 산과 토끼에 관한 아버지의 이야기 88
노스탤지어 93
이상하게 말하기 94
무화과 꿈 96
음력 98
변신의 시간 100
속물의 방 102
그라나다 104
홀로 여관에서 보내는 하룻밤 106

체념(體念) 108
4월 111
운명의 중력 114
H.A.에게 보내는 편지 116
Stephen Haggard의 죽음 118
무명작가 123
연보(年譜) 124
사랑은 나의 약점 126

발문 | 나의 아름답고 가난한 게니우스,
너는 말이야 · 진은영 132

제1부 들

말들

우리가 영혼을 가졌다는 증거는 셀 수 없이 많다.
오늘은 그중 하나만 보여주마.
그리고 내일 또 하나.
그렇게 하루에 하나씩.

인중을 긁적거리며

내가 아직 태어나지 않았을 때,
천사가 엄마 배 속의 나를 방문하고는 말했다.
네가 거쳐온 모든 전생에 들었던
뱃사람의 울음과 이방인의 탄식일랑 잊으렴.
너의 인생은 아주 보잘것없는 존재부터 시작해야 해.
말을 끝낸 천사는 쉿, 하고 내 입술을 지그시 눌렀고
그때 내 입술 위에 인중이 생겼다.*

태어난 이래 나는 줄곧 잊고 있었다.
뱃사람의 울음, 이방인의 탄식,
내가 나인 이유, 내가 그들에게 이끌리는 이유,
무엇보다 내가 그녀를 사랑하는 이유,
그 모든 것을 잊고서
어쩌다 보니 나는 나이고
그들은 나의 친구이고
그녀는 나의 여인일 뿐이라고
어쩌다 보니 그렇게 된 것뿐이라고 믿어왔다.

태어난 이래 나는 줄곧
어쩌다 보니,로 시작해서 어쩌다 보니,로 이어지는
보잘것없는 인생을 살았다. 그러나
어떻게 하면 깨달을 수 있을까?
태어날 때 나는 이미 망각에 한 번 굴복한 채 태어났다는
사실을, 영혼 위에 생긴 주름이
자신의 늙음이 아니라 타인의 슬픔 탓이라는
사실을, 가끔 인중이 간지러운 것은
천사가 차가운 손가락을 입술로부터 거두기 때문이라는
사실을, 모든 삶에는 원인과 결과가 있고
태어난 이상 그 강철 같은 법칙들과
죽을 때까지 싸워야 한다는 사실을.

나는 어쩌다 보니 살게 된 것이 아니다.
나는 어쩌다 보니 쓰게 된 것이 아니다.
나는 어쩌다 보니 사랑하게 된 것이 아니다.

이 사실을 나는 홀로 깨달을 수 없다.
언제나 누군가와 함께……

추락하는 나의 친구들:
옛 연인이 살던 집 담장을 뛰어넘다 다친 친구.
옛 동지와 함께 첨탑에 올랐다 떨어져 다친 친구.
그들의 붉은 피가 내 손에 닿으면 검은 물이 되고
그 검은 물은 내 손톱 끝을 적시고
그때 나는 불현듯 영감이 떠올랐다는 듯
인중을 긁적거리며
그들의 슬픔을 손가락의 삶-쓰기로 옮겨 온다.

내가 사랑하는 여인:
3일, 5일, 6일, 9일……
달력에 사랑의 날짜를 빼곡히 채우는 여인.
오전을 서둘러 끝내고 정오를 넘어 오후를 향해
 내 그림자를 길게 끌어당기는 여인. 그녀를 사랑하기에

내가 누구인지 모르는 죽음,

기억 없는 죽음, 무의미한 죽음,

내가 가장 두려워하는 죽음일랑 잊고서

인중을 긁적거리며

제발 나와 함께 영원히 살아요,

전생에서 후생에 이르기까지

단 한 번뿐인 청혼을 한다.

* 『탈무드』에 따르면 천사들은 자궁 속의 아기를 방문해 지혜를 가르치고 아기가 태어나기 직전에 그 모든 것을 잊게 하기 위해 쉿, 하고 손가락을 아기의 윗입술과 코 사이에 얹는데, 그로 인해 인중이 생겨난다고 한다.

의문들

나는 즐긴다
장례식장의 커피처럼 무겁고 은은한 의문들을:
누군가를 정성 들여 쓰다듬을 때
그 누군가의 입장이 되어본다면 서글플까
언제나 누군가를 환영할 준비가 된 고독은 가짜 고독일까
일촉즉발의 순간들로 이루어진 삶은
전체적으로는 왜 지루할까
몸은 마음을 산 채로 염(殮)한 상태를 뜻할까
내 몸이 자주 아픈 것은 내 마음이 원하기 때문일까
누군가 서랍을 열어 그 안의 물건을 꺼내면
서랍은 토하는 기분이 들까
내가 하나의 사물이라면 누가 나의 내면을 들여다봐줄까
층계를 오를 때마다 왜 층계를 먹고 싶은 생각이 들까
숨이 차오를 때마다 왜 숨을 멎고 싶은 생각이 들까
오늘이 왔다

내일이 올까
바람이 분다
바람이여 광포해져라
하면 바람은 아니어도 누군가 광포해질까
말하자면 혁명은 아니어도
혁명적인 어떤 일들이 일어날까
또 어떤 의문들이 남았을까
어떤 의문들이 이 세계를 장례식장의 커피처럼
무겁고 은은하게 변화시킬 수 있을까
또 어떤 의문들이 남았기에
아이들의 붉은 입술은 아직도 어리둥절하고 끝없이 옹알댈까

나의 친애하는 단어들에게

단어들이여,
선량한 전령사여,
너는 내 사랑에게 "저이는 그대를 사랑한다오" 전언해주었고
너는 나에게 "그녀도 자네를 사랑한다네" 귀띔해주었지.
그리고 너는 깔깔거리며
구름 위인지 발바닥 아래인지로 사라졌지.
사랑하는 이의 웃음소리를 졸졸 따라다니며
나는 기쁨에 겨운 생을 살았지.

단어들이여,
어머니와 아버지의 이름이여,
그 아들과 딸의 이름이여,
너는 태어나자마자 어찌나 빨리 늙어가던지.
너를 보면 곧바로 묘비 위의 이름을 알아채게 되지.
사랑하는 이들의 사그라지는 이름을 읊조리며
나는 슬픔에 겨운 생을 살았지.

단어들이여,
내가 그늘을 지나칠 때마다 줍는 어둠 부스러기들이여,
언젠가 나는 평생 모은 그림자 조각들을 반죽해서
커다란 단어 하나를 만들리.
기쁨과 슬픔 사이의 빈 공간에
딱 들어맞는 단어 하나를.

나의 오랜 벗들이여,
하지만 나는 오늘 밤 지상에서 가장 과묵한 단어.
미안하지만 나는 그대들에게서 잠시 멀어지고 싶구나.
나는 이제 잠자리에 누워
내일을 위한 중요한 질문 하나를 구상하리.
영혼을 들어 올리는 손잡이라 불리는
마지막 단어만이 입맞춤의 영광을 누릴 수 있다는
?

로 끝나는 질문 하나를.

나날들

 우리는 초대장 없이 같은 숲에 모여들었다. 봄에는 나무들을 이리저리 옮겨 심어 시절의 문란을 풍미했고 여름에는 말과 과실을 바꿔 침묵이 동그랗게 잘 여물도록 했다. 가을에는 최선을 다해 혼기(婚期)로부터 달아났으며 겨울에는 인간의 발자국 아닌 것들이 난수표처럼 찍힌 눈밭을 헤맸다. 밤마다 각자의 사타구니에서 갓 구운 달빛을 꺼내 자랑하던 우리. 다시는 볼 수 없을 처녀 총각으로 헤어진 우리. 세월은 흐르고, 엽서 속 글자 수는 줄어들고, 불운과 행운의 차이는 사라져갔다. 이제 우리는 지친 노새처럼 노변에 앉아 쉬고 있다. 청춘을 제외한 나머지 생에 대해 우리는 너무 불충실하였다. 우리는 지금 여기가 아닌 곳에서만 안심한다. 이 세상에 없는 숲의 나날들을 그리워하며.

필요한 것들

나에게는 6일이 필요하다
안식일을 제외한 나머지 나날이 필요하다
물론 너의 손이 필요하다
너의 손바닥은 신비의 작은 놀이터이니까
미래의 조각난 부분을 채워 넣을
머나먼 거리가 필요하다
네가 하나의 점이 됐을 때 비로소
우리는 단 한 발짝 떨어진 셈이니까
수수께끼로 남은 과거가 필요하다
만약 그래야만 한다면
모든 것이 이해되는
단 한 순간이 필요하다
그 한 순간 드넓은 허무와 접한
생각의 기나긴 연안이 필요하다
말들은 우리에게서 달아났다
입맞춤에는 깊은 침묵을
웅덩이에는 짙은 어둠을
남겨둔 채

더 이상 말벗이기를 그친 우리……
간혹 오후는 호우를 뿌렸다
어느 것은 젖었고 어느 것은 죽었고
어느 것은 살았다
그 어느 것도 아니었던 우리……
항상 나중에 오는 발걸음들이 필요하다
오직 나중에 오는 발걸음만이 필요하다
바로 그것, 그것인, 아닌,
아무것도 아닌, 아무것인,
모든 것이……

좋은 일들

내가 오늘 한 일 중 좋은 일 하나는
매미 한 마리가 땅바닥에 배를 뒤집은 채
느리게 죽어가는 것을 지켜봐준 일
죽은 매미를 손에 쥐고 나무에 기대 맴맴 울며
잠깐 그것의 후생이 되어준 일
눈물을 흘리고 싶었지만 눈물이 흐르진 않았다
그것 또한 좋은 일 중의 하나
태양으로부터 드리워진 부드러운 빛의 붓질이
내 눈동자를 어루만질 때
외곽에 펼쳐진 해안의 윤곽이 또렷해진다
그때 나는 좋았던 일들만을 짐짓 기억하며
두터운 밤공기와 단단한 대지의 틈새로
해진 구두코를 슬쩍 들이미는 것이다
오늘의 좋은 일들에 비추어볼 때
어쩌면 나는 생각보다 조금 위대한 사람
나의 심장이 구석구석의 실정맥 속으로
갸륵한 용기들을 알알이 흘려보내는 것 같은 착란
그러나 이 지상에 명료한 그림자는 없으니

나는 이제 나를 고백하는 일에 보다 절제하련다
받아래서 퀼트처럼 알록달록 조각조각
교차하며 이어지는 상념의 나날들
언제나 인생은 설명할 수 없는 일들투성이
언젠가 운명이 흰수염고래처럼 흘러오겠지

외국인들

이 길은 아버지의 메모들을 연상시킨다. 아버지의 유일한 유고(遺稿). 간혹 작고 투명한 새가 종이 바깥으로 방울져서 날아오르는……

아버지는 썼다. "여행을 가면 꼭 한 번은 울게 된다."

오늘 눈먼 외국인 서너 명을 길에서 마주쳤고 그들은 모두 같은 체구에 같은 선글라스를 쓰고 있었다. 그들은 모두 같은 사람일지 모른다. 아니 그럴 것이 분명하다. 길을 잃고 이 골목 저 골목을 헤매다 나와 우연히 여러 번 마주쳤을 뿐. 그 사실을 그는 모르고 나는 알 뿐.

하지만 내가 짐짓 애달픈 목소리로 "아버지", 하고 부른다면?
그는 흠칫 놀라서 멈출까?
아니면 태연히 계속 걸어갈까?
하지만 이미 오래전부터

나는 아버지를 향하여 영원히 눈먼 자다.
아버지는 죽었고 지금 죽어 있으며
나는 살아왔고 살아 있으므로.

여기에서 저기까지, 그 눈먼 외국인의 손을 잡고 걸어가고 싶다. 저기에 도착하면 나는 그에게 말할 것이다. "자, 그럼 여기까지." 그리고 나는 제 갈 길을 갈 것이다.

선행과 상관없는 동행.
그런 것을 언제까지고 반복해보고 싶다.

얼마 전 랍비를 애인으로 둔 친구가 이스라엘로 떠났다. 그리고 나는 지금 교토에 있다. "그곳은 혼자 여행 가기 좋은 곳이지." 그녀는 내게 시 외곽의 미술관을 추천했다. "그곳을 설계한 건축가는 아이 I. 엠 M. 페이 Pei. 흥미로운 이름이지?"

내가 갔을 때 그곳은 휴관 중이었다. 문 닫힌 미술관 앞에 서서 나는 아버지의 메모를 떠올렸다. 거기서 나는 오래오래 울지 않았다. 비도 오지 않았다.

여행을 가면 꼭 한 번은 울게 된다…… 엉터리 점괘……

이곳에서는 누구도 알지 못한다.
내가 몰래 희망을 염원한다는 사실을,
내가 원래 속죄의 전문가라는 사실을,
나의 이름은
페이도, 와타나베도, 토마스도 아니라는 사실을,
나의 지금은
좀 전의 과거가 제 바로 앞에 내팽개쳐버린
무국적의 고아라는 사실을.

그리고 나는 지금 교토에 있다.
그리고 심지어 눈도 내린다.

여기에서 저기까지,
제 갈 길을 가는 사람들의 어깨 위로
쓰러지기 직전의 '아이 I' 같은 검은 목책들 사이로
나이 어린 신(神)의 어리광처럼
눈발이 흩날리고 있다.

The Humor of Exclusion

교토의 여관에서 나는
제임스 조이스의 후손을 만났네
내가 시를 쓴다고 하자 그는 물었네
오늘 교토의 낯선 아침이 그대에게 영감을 주었는가?
그대가 여기서 말도 안 통하고 매 순간 배제되고
나는 배제되었어요, 라는 말조차 하지 못할 때
그대는 여전히 유머감각을 유지할 수 있었는가?
바로 나처럼 말이지, 하하!

사실 Mr. Joyce는 술주정뱅이였던 거라네
교토에 술 마시러 왔나 싶을 정도로
나만 보면 술이나 같이 마시자고
모든 작가는 애주가고
모든 위대한 작가는 알코올 중독자라고
내가 마감을 핑계 대면
Fuck deadline! Come on! Let's have a drink!

사실 Mr. Joyce는 심심했던 거라네
같이 담배나 말아 피우면서
자신이 얼마나 옆방의 시끄러운 프랑스인들을 혐오하는지
자신이 얼마나 옆 나라의 거만한 영국인들을 증오하는지
내게 토로하고 싶었던 거라네
알기나 해? 조이스의 언어는
영국 놈들의 말에 저항하기 위해 고안됐던 거라고
의식의 흐름이라고? Bullshit!

사실 Mr. Joyce는 허풍선이었던 거라네
이 세상의 조이스들은 다 친척이라 떠벌이며
그는 제임스 조이스의 시구를 읊어댔네
그는 심지어 자기가 썼다는 시도 읊어댔네
이 구절이 특히 아름답지
잘 들어보라고
이 기막힌 운율에 귀 기울여보라고

Irish 어쩌고저쩌고……
나는 하나도 못 알아먹었네

사실 Mr. Joyce는 외로웠던 거라네
그는 내게 속삭이듯 말했네
The Humor of Exclusion
다음에 쓸 자네의 시 제목이라네
이 제목으로 맘대로 쓰시게
내가 줬다고 밝힐 필요도 없다네
이건 내가 자네에게 주는 특별한 선물이니까
Mr. Joyce는 내게 찡긋 윙크를 던졌네

사실 Mr. Joyce는 슬펐던 거라네
그는 사뭇 진지한 어투로 말했네
모든 죽은 아이리쉬는 두 개의 관이 필요하다네
하나는 육신을 담고
다른 하나는 눈물을 담을
하지만 제기랄,

둘 중 하나는 꼭 너무 일찍 채워지지!

사실 Mr. Joyce는 다만 분노를 가눌 길 없었던 거라네
밤마다 자전거 타고 술 마시러 나간 Mr. Joyce가
돌아올 때는 소리만 듣고도 알 수 있었네
골목 어귀부터 들려오는
Fuck! Fuck! Fuck!

누구나 알아듣는 그 말
그건 우리의 Mr. Joyce가 눈앞에 늘어선
어둠의 모가지들을 하나하나 분지르며
위풍당당 귀환하는 소리라네

텅 빈 우정

당신이 텅 빈 공기와 다름없다는 사실.
나는 말하지 않을 것입니다.
대신 당신의 손으로 쓰게 할 것입니다.
당신은 자신의 투명한 손이 무한정 떨리는 것을
견뎌야 할 것입니다.

나는 주사위를 던지듯
당신을 향해 미소를 짓습니다.
나는 주사위를 던지듯
당신을 향해 발걸음을 옮깁니다.

그 우연에 대하여
먼 훗날 더 먼 훗날을 문득 떠올리게 될 것처럼
나는 대체로 무관심하답니다.

당신이 텅 빈 공기와 다름없다는 사실.
나는 고백하지 않을 것입니다.
대신 당신의 입으로 말하게 할 것입니다.

당신은 자신의 투명한 입술이 하염없이 떨리는 것을
견뎌야 할 것입니다.

오늘은 신비로운 일이 하나도 일어나지 않는 날.
내일은 진동과 집중이 한꺼번에 멈추는 날.
그다음 날은 침묵이 마침내 신이 되는 날.

당신과 내가 원하기만 한다면
동시에 함께 웃을 수 있는 것처럼.

당신과 내가 원하기만 한다면
모든 것이 동시에 끝날 것입니다.

나무로 된 고요함

나는 나무로 된 고요함 위에 손을 얹는다
그 부드러운 결을 따라
보고 듣고 말한다
그때 기쁨, 영원한 기쁨의 지저귐이
사물들의 원소 속에 숨어 있음을 깨닫는다
하느님은 여느 때처럼 말없이
황금 심장을 가슴속에 품고 계신다
아, 거기서 떨어지는 황금 부스러기들
그 하나하나로 집을 지을 수 있다면
유리와 불과 돌 속에서
지워질 이름이란 없을 것이거늘
쓸모를 모르겠는 완구(玩具)처럼
하늘의 언저리를 굴러가는 태양 아래
인간은 오래되고 희미한 기쁨의 필적들을
주워 모으는 절박한 수집광
아, 우리가 불안을 조금만 더 견뎠더라면
그것을 하느님이
조금만 더 도와줄 수 있었더라면

유리와 불과 돌 속에서
사라지는 이름이란 없을 것이거늘
나는 양손을 가슴팍 위로 거두어 모은다
망각이 그 부드러운 결을
한층 더 부드럽게 지워가며
나무로 된 고요함 아래 죽음을 눕힌다
그때 기쁨, 죽음으로부터
우연히 건너온 기쁨 하나를 움켜잡으려
나는 다시금 그 위에 손을 얹는다

호시절

그때는 좋았다
모두들 가난하게 태어났으나
사람들의 말 하나하나가
풍요로운 국부(國富)를 이루었다
살아간다는 것은 정말이지
무엇이든 아무렇게나 말할 권리를 뜻했다
그때는 좋았다
사소한 감탄에도 은빛 구두점이 찍혔고
엉터리 비유도 운율의 비단옷을 걸쳤다
오로지 말과 말로 빚은
무수하고 무구한 위대함들
난쟁이의 호기심처럼 반짝이는 별빛
왕관인 척 둥글게 잠든 고양이
희미한 웃음의 분명한 의미
어렴풋한 생각의 짙은 향기
그때는 좋았다
격렬한 낮은 기어이
평화로운 밤으로 이어졌고

산산이 부서진 미래의 조각들이
오늘의 탑을 높이높이 쌓아 올렸다
그때는 좋았다
잠이 든다는 것은 정말이지
사람이 사람의 속삭임에 귀 기울이며
사람이 사람의 여린 눈꺼풀을
고이 감겨준다는 뜻이었다
그러니까 그때는

도시적 고독에 관한 가설

고양이 한 마리
도로 위에 낙엽처럼 누워 있다
몸통이 네모나고 다리가 둥글게 말린
코끼리 같은 버스가
죽은 고양이 앞에 애도하듯 멈춰 있다
누군가 말한다
스키드 마크는
바퀴도 번민한다는 뜻이지
누군가 답한다
종점에서 바퀴는 울음을 터뜨릴 거야
새 시장은 계몽된 도시를 꿈꾸지만
시민들은 고독하고 또한 고독하다
했던 말을 자꾸 되풀이하는 것이 그 증거다
멀리서 아련히 사이렌이 울린다
한때 그것은 독재자가 돋우는 공포의 심지였으나
이제는 맹인을 이끄는 치자꽃 향기처럼 서글프다
누군가 말한다
두고 봐

종점에서 바퀴는 끝내 울음을 터뜨리고 말 거야
하루 또 하루
시민들은 고독하고 또한 고독하다
친구들과 죽은 자의 차이가 사라지는 것이 그 증거다
한 사람 또 한 사람
고양이 한 마리 또 한 마리

집

그들은 저주받았다
관념론적으로 그리고 동시에 유물론적으로

그들의 마음속엔 영원히 잠들지 않는 아이가
잠들기 직전
납으로 된 의문부호 하나를 자정의 발등 위에 못 박는다
그들의 꿈에선 언제나 썩은 피가 샌다

또한 그들에게 희망이란
주머니 속의 빵 부스러기를 세는 식이다
그러나 한 번도 맞게 센 적이 없다
세면 셀수록 부스러지니까
그럼에도 그들은 셈을 멈추지 않는다!

불평등이란
무수한 질문을 던지지만 제대로 된 답 하나 구하지 못하는 자들과

제대로 된 질문 하나 던지지 않지만 무수한 답을 소유한 자들의 차이다

그들은 언제까지고 거리에서 방황하고
집 안으로 그들을 부르기 위해서는
집 밖으로 난 창문들을 모두 깨야 한다

그들의 집은 문이 없다
그들의 집은 불타는 구조로 이루어져 있다

그것이 그들의 비극이다
그 집을 지켜야 한다

거기 나지막한 돌 하나라도 있다면
—2011년 1월 20일 용산 참사 2주기에 부쳐

지금 그곳엔 아무것도 없네
원래 아무것도 없었다는 듯이
아무것도 없네
그곳은 텅 비었고
인적 없는 평지가 되었고
저녁 일곱 시 예배를 올릴 때에
건물 옥상에 야곱의 사다리를 희미하게 내려주던 달빛은
이제 구차하게 땅바닥에 엎드려
값비싼 자동차들의 광택을 돋보이게 할 뿐
오늘 그곳에 아무것도 없음이 우리를 경악하게 하네

거기 나지막한 돌 하나라도 있다면
우리는 그 위에 앉아 되돌아볼 텐데
무너진 빌딩 한 층 한 층
깨진 유리창 한 장 한 장
부서진 타일 한 조각 한 조각
불길에 검게 그을리고 피와 살점이 묻은

학살의 증거들
학살 이후의 나날들
탄원들, 기도들, 투쟁들을

거기 나지막한 돌 하나라도 있다면
우리는 그 위에 앉아 이야기할 텐데
야구와 낚시에 얽힌 소싯적 추억
늙은 가슴팍을 때리던 성경 구절
수많은 인내와 소박한 꿈들
그러다 우리가 어찌어찌 용산에 흘러오게 됐는지
그러나 더 이상 어찌어찌 끌려다니지 않겠다
이번만은 싸워보겠다 이겨보겠다
그날 불현듯 하나의 영혼을 넘쳐
다른 영혼으로 흘러간 무모한 책임감에 대하여

거기 나지막한 돌 하나라도 있다면
우리는 그 위에 앉아 서로에게 물어볼 텐데
학살자들은 또 무슨 궁리를 할까?

우리가 울부짖기도 전에 우리의 목을 쥔 그들
우리가 죽기도 전에 우리의 관을 짠 그들
그런데 우리가 무죄를 입증하기도 전에
차가운 곁눈질을 던지며 그곳을 총총히 지나치던
시민이라는 이름의 방관자들은
도대체 어디로 갔을까?

하지만 거기 나지막한 돌 하나라도 있다면
우리는 그 위에 앉아 있기만 하지는 않겠네
우리는 그 위에 일어서서 말하겠네
이제 인간이란 너 나 할 것 없이
하나하나 불붙은 망루가 되었다
생존의 가파른 꼭대기에 매달려
쓰레기와 잿더미 사이에 흔들리며
여기 사람이 있다!
여기 사람이 있단 말이다!
절규하지 않으면 안 되는 존재가 되었다고

거기 나지막한 돌 하나라도 있다면
우리는 그 위에 서서 머리를 맞대고 따져볼 텐데
불운을 향해 녹슨 철사처럼 구부러지는 운명
불행을 향해 작은 자갈처럼 굴러가는 인생
모든 것의 원인과 뿌리에 골몰할 텐데
그러다 도저히 답을 찾을 수 없을 때에
무식한 우리는 외치겠지
어쨌든 이대로 이렇게 살 수만은 없지 않은가!
선량한 우리는 호소하겠지
원치 않는 증오심을 갖는다는 건 얼마나 고통스러운가!

거기 나지막한 돌 하나라도 있다면
우리는 최선을 다해 최대한 많은 영혼을
그 위로 데리고 올 텐데
언제나 배고팠던 입
먹기에 급급했던 입
그 남루한 입술들이 층층이 쌓여

높디높은 메아리의 첨탑을 일으켜 세우면
말 못 하고 외면했던 진실을
목구멍에서 소용돌이치며 솟구치는 진실을
우리는 말하기 시작하리
그리하여 거기 나지막한 돌 위에 선다면
오로지 희망, 희망에 대해서만 말하기로
산 자와 죽은 자
기쁜 자와 슬픈 자
선한 자와 악한 자
모두 다 똑같은 결심을 하게 되리

낙화

어느 지상에 가을이 임하고 있다
처음 보는 낯선 빛이 만인(萬人)의 발을
지그시 누르고 있다
낙화의 순간
누군가 무언가를 향해 나아간다
누군가 넘어지고
무언가 잘못된다
아직은 인간인 고아(孤兒)가
가족과 이웃
좋은 이와 나쁜 이를
구별할 수 없어 모두가 그리웁다
떨어지는 꽃이여
찰나의 굇바퀴를 맴도는 시간의 방랑이여
누군가 급히 거둬들인 시선이여
무언가 슬피 가리키는 손가락이여
지상의 어느 문에도 맞지 않아
허공에서 영원히 헛돌고 있는
고단한 열쇠여

소년 자문자답하다

소년이여, 너는 질문을 던진다
거대한 호기심이
손가락 끝을 집어 올려 우주로 향하게 한다
이 숲을 건너가라
건너편에서 무쇠처럼 단단한 대답을 주마
하지만 대답을 주는 이는 지혜로운 사람이 아니다
머나먼 별
휘날리는 깃발
적의 없는 입술
삶에 던져졌던 은밀한 영향력들
소년이여, 숲 끝에 이르기 전에 너는 넘어질 수도 있다
그때 너는 끝날 것이다
그리고 노인이 시작될 것이다
혼란 다음에 환란
환란 다음에 환멸
소년이여, 무섭지 않은가
문명이 죽은 아버지들의 유언처럼

바스락거리기 시작할 터인데
소년이여, 너는 질문을 던진다
보다 더 큰 질문의 부스러기인 그것을
이 숲을 건너가라
건너편에서 불덩어리처럼 뜨거운 대답을 주마
하지만 대답은 네가 기대했던 선물이 아니다
그것은 단 한 줄의 문장일 것이다
그 문장을 따라 읽어라
그러면 소년이여, 너는
너의 죽음을 영영 잊게 될 것이다

찬란하지 않은 돌

이제부터 우리는 쓴다
지나치게 많은 말들을
어떤 형상과 색깔의 말들을
선물을 준비하듯
탄약을 장전하듯
옳기도 하고 나쁘기도 하고
아름답기도 하고 처절하기도 한
단어와 문장 들을
먼 곳으로부터 더욱 먼 곳까지
그대를 통과하여 그대에게
어떤 연인도 왕도 신도
내게 주지 못한
어떤 절대
그대의 손가락이
그들 대신 그것을 가리켜줄 것이다
그러니 우리는 쓸 수밖에 없다
발치에 구르는
찬란하지 않은 돌 하나를

눈앞에 치켜들고
그것이 스스로 파르르 떨릴 때까지

시초

지금 나의 그림자는 그대들과 동명이인이다
우리는 모두 한때 돌로 태어나
불로 달궈진 아기들이었다
우리의 발걸음은 넘어지지 않기 위해
점점 단순한 양식으로 진화해왔다지만
상관없다 무시하자
자유는 가장 난해한 스텝의 이름이기에

가난한 선조들을 배반하고 우리는
자기만의 무질서와 신념으로
자기만의 가난을 구축하기로 한다
지금은 새로운 가난으로 미만한 밤
달빛이 모든 사물의 가장자리에 묻은 독(毒)을 핥으며
수십 수백 갈래로 찢어지고 있다

우리는 아주 커다란 행성의 아주 작은 노예들
실패할 수 없는 것들을 실패하고

반복될 수 없는 것들을 반복한다
그리하여 지상의 마지막 겨울이 오면
우리는 충혈된 눈으로 서로를 바라보며
빛나는 유리구슬 하나를 정성스레 까 먹여줄 것이다

우리는 망상이 빚은 말들 속에서 만나
세계의 심연을 향해 절규한다
지금은 시초라 불릴
충분한 자격을 갖춘 순간
한 방울의 잉크가 흐르는 빗물에 섞이며
불가능한 기록이 막 시작되려 한다

지금 여기

나는 우연히 삶을 방문했다
죽으면 나는 개의 형제로 돌아갈 것이다
영혼도 양심도 없이
짖기를 멈추고 딱딱하게 굳은 네발짐승의 곁으로
그러나 나는 지금 여기
인간 형제들과 함께 있다
기분 좋은 일은
수천수만 개의 따뜻한 맨발들로 이루어진
삶이라는 두꺼운 책을 읽을 때에
나의 눈동자에 쿵쿵쿵
혈색 선명한 발자국들이 찍힌다는 사실
나는 왔다
태어나기 전부터 들려온
기침 소리와 기타 소리를 따라
환한 오후에 심장을 별처럼 달고 다닌다는
인간에게로, 그런데
여기서 잠깐 질문을 던져보자
두 개의 심장을 최단거리로 잇는 것은?

직선? 아니다!
인간과 인간은 도리 없이
도리 없이 끌어안는다
사랑의 수학은 아르키메데스의 점을
우주에서 배꼽으로 옮겨온다
한 가슴에 두 개의 심장을 잉태한다
두 개의 별로 광활한 별자리를 짓는다
신은 얼마나 많은 도형들을 이어 붙여
인간의 영혼을 만들었는지!
그리하여 나는 지금 여기에 있다
인간이기 위하여
사랑하기 위하여
無에서 無로 가는 도중에 있다는
초라한 간이역에 아주 잠깐 머물기 위하여

영혼은 나무와 나무 사이에

나를 다스리는 자는 나를 아끼는 자가 아니라
고독하게 하는 자, 먼 곳을 바라보듯
나를 바라보는 자
죄의 얼룩이 아주 작게 보이는 곳으로
영혼을 최대한 멀리 던지는 자

두 명의 나
한 명은 죄인이고
다른 한 명은 말이 없다
단지 태어나고 죽어갈 뿐인 나는
말할 수 있는 것들을
말하지 못하고 있다
침묵은 나의 잘못, 그것이 나쁘고
슬프다는 것도 잘 안다

나는 자신 없는 속삭임으로
속삭인다, 나의 수호천사는 어디 있을까요
내가 태어날 때 환호성을 외치다

구름이 기도를 막아 추락했나 봐요
불운이란 정오에는 살아 있었는데
자정에는 죽어 있다는 사실이 아니에요

살면서 나는 영혼을 여기저기 흩뿌린다
아무도 그것들을 끌어 모아
다시 뭉쳐놓을 수 없도록
밤의 이쪽저쪽 낮의 구석구석에
나는 가끔 나무 두 그루 사이를 지나가고
그때마다 누군가 나에게 외친다
이야아아, 잠깐만 멈춰!
바로 거기, 거기의 네가 참 맘에 드는구나!

침묵은 나의 잘못, 그것이 나쁘고
슬프다는 것도 잘 안다
영혼은 오로지 한순간에만 눈에 띈다는 사실도
나무와 나무 사이를 날아가는 새처럼

심장은 미래를 탄생시킨다

내 심장은 지금 이 순간까지
딱 십오억 번을 뛰었다
그 기념으로 나는 크게 하품을 했다
사는 게 얼마나 지루했던지
태어난 이래 심장박동을 일일이 세어왔다

졸린 눈으로 책장을 넘기다
가장 뜨거운 페이지에 손을 데었다
거기에 무엇이 씌어 있을까?
어쩌면 불덩어리를 인용한 글
저자는 누구일까?
어쩌면 프로메테우스의 죽은 후손
아직도 책 귀퉁이를 뾰족하게 달궈놓은
그의 꿈이 손가락을 아프게 찌른다

나는 책을 덮고 창밖을 본다
항상 시간 속에 대기하면서
한 번도 미래가 되지 못한 하루가
오늘까지 일만 사천구백구십팔 일이다

사는 게 얼마나 지루했던지
태어난 이래 하루하루를 일일이 세어왔다

나뭇가지가 나뭇가지에게 초록색 성호를 그어주고
꽃이 꽃에게 은밀한 꽃말을 속삭여주고
사람이 사람에게 불멸의 어깨를 빌려주는
그런 봄날은 언제 올까?

때마침 한 아름다운 여자가 길모퉁이를 돌아 나타났다
그녀는 인민의 대표자처럼
한손에 불타는 책을 들고 걸어온다
나는 그녀가 앞에 오자마자 끌어안으리라!
양팔을 최대한 벌려 그녀 뒤의 수많은 군중까지도!

지금 이 순간부터는 심장박동을 셀 필요가 없다
한 번 심장이 뛸 때마다
한 개의 기념비적 미래가 태어나고 있다

첫 줄

첫 줄을 기다리고 있다.
그것이 써진다면
첫눈처럼 기쁠 것이다.
미래의 열광을 상상 임신한
둥근 침묵으로부터
첫 줄은 태어나리라.
연서의 첫 줄과
선언문의 첫 줄.
어떤 불로도 녹일 수 없는
얼음의 첫 줄.
그것이 써진다면
첫아이처럼 기쁠 것이다.
그것이 써진다면
죽음의 반만 고심하리라.
나머지 반으로는
어떤 얼음으로도 식힐 수 없는
불의 화환을 엮으리라.

제2부 둘

이 별의 일

너와의 이별은 도무지 이 별의 일이 아닌 것 같다.
멸망을 기다리고 있다.
그다음에 이별하자.
어디쯤 왔는가, 멸망이여.

Mundi에게

나의 문디여,
고향을 상실한 이방인으로서 나는 너에게 말하련다
내가 그나마 핏기가 도는 입술을 가졌다는 것은 얼마나 축복인가
방금 거대한 그림자 하나가 내 정수리를 스쳐 지나갔을 때
나는 그것이 한 점 먹구름이었음을 짐짓 무시하고
내게 신묘한 영감이 절묘한 시간에 임했노라고 너에게 말하련다

나의 문디여,
나는 세계를 죽도록 증오한다, 그러나 그것은 결국
내가 세계를 한없이 사랑한다는 뜻이기도 하다
나에겐 세상만사의 옳고 그름을 결정할 자격이 없다
만약 내가 그런 자격을 가졌더라면, 나의 아버지는
그처럼 위대한 자식을 두고 그처럼 쓸쓸히 눈감진 않았을 것이다
아버지의 죽음은 집 안에서의 객사처럼 비참하지

않았던가
　나는 통곡했고 어머니는 더 크게 통곡하지 않았던가
　그날 이후로 삶은 다만 고통이지 않은가
　산다는 것, 오늘 산다는 것과 내일 산다는 것
　살아가는 날들을 전부 다 통틀어서 그렇지 아니한가

　나의 문디여,
　내가 보다 사려 깊고 보다 엄격했더라면,
　나는 나에게 존경을 표시하는 별자리들과 성벽들과 처녀들에 둘러싸인 채
　운명이 내게 선사했을 소국 하나를 다스릴 수도 있었을 것이다
　나는 열 명도 채 안 되는 신민들 앞에서
　신은 우리로부터 너무 멀리 있다고 외치고는 손가락 하나를 치켜들어
　밤하늘 너머 신이 게으르게 누워 있는 우주의 잿빛 구석을 가리켰을 것이다
　그 치켜든 손가락의 원천이 단단한 심장이며

더 깊이 들어가면 숭고한 영혼이라는 사실을 입증하기 위해
마침 그때 발치에 핀 미모사 꽃을
마치 신의 자그마한 주먹이라도 되는 양 짓밟아 으깨버렸을 것이다
그러고는 거만함을 넘어 깊은 허무로 나아가는 첫 신호로서
하나의 큰 웃음을 터뜨렸을 것이다

나의 문디여,
그러나 나는 그럴 수 없다
나는 크게 낙심한 고향 없는 이방인으로서
추위에 얼어붙은 손가락을 너의 입술을 향해 내밀어
한 줄기 따스한 입김을 구걸할 뿐이다
나는 흐느끼며 말할 것이다
겨울에는 많은 사람들이 죽을 것이다
집 안에서 집 밖에서 죽을 것이다
가난하든 부유하든 죽을 것이다

이웃들은 사라질 것이다
흔적도 없이 하찮은 먼지처럼
나는 그들과 길에서 눈이 마주치면
조심스럽고도 온화한 인사를 건네기까지 한다
하지만 아무런 소용이 없다, 무섭도록 추운 겨울밤에
모든 나약한 이들은 나의 아버지처럼 죽어갈 것이다

나의 문디여,
내가 너에게 말을 할 때 너를 안고 싶은 마음이 간절하다
내가 너를 안으면 흔들리는 기억의 풀숲 사이에서
과거의 나비 떼들이 되살아 날아오른다
너는 세상 모든 소년들의 광대뼈에 불을 밝히는 몸짓으로
아침에는 잠에서 깬 눈을 한 번 더 눈 뜨게 하는 종소리를 들려주며
저녁에는 두 개의 태양을 불태우고 남은 적자색 흔적으로 두 눈동자를 물들이며

밤에는 다리 사이의 정충들을 수십만 마리 반딧불로 반짝이게 하며
　그리고 마지막으로 잠자리에서는
　평범한 개 이야기가 아닌 용맹한 늑대 이야기를 들려주어
　피로에 지친 나를 흐뭇하게 한다, 그러니
　침대에 누워 너를 안고서 함께 잠들고 싶은 마음이 간절하기 그지없다

　나의 문디여,
　고향을 상실한 이방인으로서 나는 너에게 말하련다
　나의 말은 인간사에 대한 경탄도 절규도 아니요
　다만 병들어 심약한 한 소년이 석양을 등지고 걸어갈 때
　그의 이마로부터 돌길 위에 떨어지는 땀방울처럼 사소하고 가벼울 것이다
　그리하여 내가 말을 마치고 너로부터 등을 돌렸을 때

나는 심해처럼 광막한 침묵과
거대한 고래 그림자 같은 외로움에 젖어들 것이다
그리고 그 어떤 세간의 계획과도 무관한 미래 속으로
절박함만이 약속된 텅 빈 시간 속으로
벌거벗은 슬픈 짐승처럼 걸어 들어갈 것이다
그러니 제발 이방인의 말을 끝까지 들어다오

나의 문디여,
그러나 나는 알 수 없다
너는 지금 어디에 있는가
너의 이마는 자오선을 향해 솟아오르는가
너의 어깨는 대양을 향해 뻗어나가는가
너의 눈은 새벽 두 시인가
너의 입술은 새벽 세 시인가
네 몸의 촉촉한 부분과 뜨거운 부분 사이에서
하룻밤 새 수많은 도시들이 생멸하는가
너의 육신 전체는 가닿을 수 없는 멀고 먼 문명처

럼 애달픈데
  이 애처롭고 쓸모없는 이방인의 말에 귀 기울여줄
  나의 문디여,
  세계 중의 세계여,
  내가 끝내 돌아갈 미래의 고향이여,
  너는 지금 과연 어디에 있는가

'나'라는 말

나는 '나'라는 말을 썩 좋아하진 않습니다.
내게 주어진 유일한 판돈인 양
나는 인생에 '나'라는 말을 걸고 숱한 내기를 해왔습니다.
하지만 아주 간혹 나는 '나'라는 말이 좋아지기도 합니다.
어느 날 밤에 침대에 누워 내가 '나'라고 말할 때,
그 말은 지평선처럼 아득하게
더 멀게는 지평선 너머 떠나온 고향처럼 느껴집니다.
나는 '나'라는 말이 공중보다는 밑바닥에 놓여 있을 때가 더 좋습니다.
나는 어제 산책을 나갔다가 흙길 위에
누군가 잔가지로 써놓은 '나'라는 말을 발견했습니다.
그 누군가는 그 말을 쓸 때 얼마나 고독했을까요?
그 역시 떠나온 고향을 떠올리거나
홀로 나아갈 지평선을 바라보며
땅 위에 '나'라고 썼던 것이겠지요.
나는 문득 그 말을 보호해주고 싶어서

자갈들을 주위 주위에 빙 둘러 놓았습니다.
물론 하루도 채 안 돼 비가 오거나 바람이 불어서
혹은 어느 무심한 발길에 의해 그 말은 흔적도 없이 사라지겠지요.
나는 '나'라는 말이 양각일 때보다는 음각일 때가 더 좋습니다.
사라질 운명을 감수하고 쓰인 그 말을
나는 내가 낳아본 적도 없는 아기처럼 아끼게 됩니다.
하지만 내가 '나'라는 말을 가장 숭배할 때는
그 말이 당신의 귀를 통과하여
당신의 온몸을 한 바퀴 돈 후
당신의 입을 통해 '너'라는 말로 내게 되돌려질 때입니다.
나는 압니다. 당신이 없다면,
나는 '나'를 말할 때마다
무(無)로 향하는 컴컴한 돌계단을 한 칸씩 밟아 내려가겠지요.

하지만 오늘 당신은 내게 미소를 지으며
'너는 말이야'로 시작하는 이야기를 들려주었습니다.
그 이야기는 지평선이나 고향과는 아무 상관이 없었지만
나는 압니다. 나는 오늘 밤,
내게 주어진 유일한 선물인 양
'너는 말이야' '너는 말이야'를 수없이 되뇌며
죽음보다도 평화로운 잠 속으로 서서히 빠져들 것입니다.

매혹

사랑하는 두 사람
둘 사이에는 언제나 조용한 제삼자가 있다
그는 영묘함 속으로 둘을 이끈다
사랑에는 반드시 둘만의 천사가 있어야 하니까
둘 중 하나가 사라지면
그는 슬픔의 옆자리로 자기 자신을 이끈다
사랑에는 반드시
"잊지 마"라고 속삭이는 천사가 있어야 하니까

하지만 나는 모른다
신(神)이 낮과 밤을 가르는 시간을
두 사람이 신 몰래
서로의 영혼을 황급히 맞바꿔야 했던 시간을

그 시간을 매혹이라고 부를 수 있다면

매혹 이후
시간은 화살처럼 날아간다

매혹 이후
　한 사람의 눈빛은 눈앞에 없는 이에 의해 빚어진다

　매혹 이후
　한 사람의 눈빛은 눈앞에 없는 이에게 영원히 빚진 것이다

　그러니 그는 평생에 가장 깊은 주의를 기울이며
　"하얀 돌 위에 검은 돌"*을 올려놓듯이
　사랑과 비밀을 포개놓을 수밖에

　나는 어렴풋이 기억한다
　목욕을 막 끝낸 여자의 어깨 위에 맺힌 물방울들
　남자가 용기를 내 닦아주려 하자
　더 작고 더 많은 구슬로 흩어지던 그것들
　커튼 사이로 흘러들던 한 줄기 미명과
　입술 사이에 물려 있던 한 조각 어둠

그런데
한 눈동자 안에 시작과 끝이 모두 있었던가?

나는 이제 모든 것을 기억할 수 있다
거미줄처럼 서로를 이어주던
눈빛과 눈빛의 무수한 교차
그 위를 바삐 오가는 배고픈 거미처럼
새벽녘까지 끝날 줄 모르던 이야기
바로 그날 태곳적부터 지녀온
아침이라는 이름을 잃어버린
환하고 낯선 하나의 세계

* 세사르 바예호(1892~1938)의 시 제목.

새

우리는 사랑을 나눈다.
무엇을 원하는지도 모른 채.
아주 밝거나 아주 어두운 대기에 둘러싸인 채.

우리가 사랑을 나눌 때,
달빛을 받아 은회색으로 반짝이는 네 귀에 대고 나는 속삭인다.
너는 지금 무엇을 두려워하는가.
너는 지금 무슨 생각에 빠져 있는가.

사랑해. 나는 너에게 연달아 세 번 고백할 수도 있다.
깔깔깔. 그때 웃음소리들은 낙석처럼 너의 표정으로부터 굴러떨어질 수도 있다.
방금 내 얼굴을 스치고 지나간 미풍 한 줄기.
잠시 후 그것은 네 얼굴을 전혀 다른 손길로 쓰다듬을 수도 있다.

우리는 만났다. 우리는 여러 번 만났다.

우리는 그보다 더 여러 번 사랑을 나눴다.
지극히 평범한 감정과 초라한 욕망으로 이루어진 사랑을.

나는 안다. 우리가 새를 키웠다면,
우리는 그 새를 아주 우울한 기분으로
오늘 저녁의 창밖으로 날려 보냈을 것이다.
그리고 함께 웃었을 것이다.
깔깔깔. 그런 이상한 상상을 하면서 우리는 사랑을 나눈다.

우리는 사랑을 나눌 때 서로의 영혼을 동그란 돌처럼 가지고 논다.
하지만 어떻게 그럴 수 있지?
정작 자기 자신의 영혼에는 그토록 진저리치면서.

사랑이 끝나면, 끝나면 너의 손은 흠뻑 젖을 것이다.
방금 태어나 한 줌의 영혼도 깃들지 않은 아기의

살결처럼.
나는 너의 손을 움켜잡는다. 나는 느낀다.
너의 손이 내 손안에서 조금씩 야위어가는 것을.
마치 우리가 한 번도 키우지 않았던 그 자그마한 새처럼.

너는 날아갈 것이다.
날아가지 마.
너는 날아갈 것이다.

잎사-귀로 듣다

매혹의 순간을 고대하며 앞으로 나아갔노라
사랑은 모든 계획에 치밀하였노라
화해와 호감이 가득한 꿈속에서
너는 내게 물었다
나무들은 잎사-귀가 너무 많아요
바람 소리를 어떻게 견딜까요
너의 어리석음도
구름의 한계 안에서는 당당하여라
사랑은 삶을 과장하니 좋아라
너는 고풍스런 잠언이 밴 표정으로
잠이 들었고 어리석고
어리석었던 나는
불가피한 내일의 파국을 떠올렸고
내가 울기 전에
네가 먼저 운다는데
이별과 재회 중에 하나를 걸었노라
잠에서 깬 너는 말했다 꿈속에서
나는 나무였고 당신은 바람이었고

나는 당신의 노래를 백 개의
잎사-귀로 들었지요
먼저 운 것은 결단코
나였다 다음 생에 다시 만나리라

늦잠

별은 어둠의 미묘한 순응자.
시간이 닦아놓은 밤의 면을 가만히 들여다보고 있다.
우리는 젖은 흙 위를 걸어 집으로 돌아온다.
잘 익은 사과 맛이 나는 발자국들을 찍으며.

나의 어느 쪽 귀에 더 많은 속삭임이 고여 있을까?
내가 모로 누워 웅크리고 자는 쪽의 반대편.
당신이 메마른 숨결의 흰 가루를 떨어뜨리는 그 움푹 팬 곳.

새벽의 결정, 입술에서 이슬로 옮아간다.
금화를 세어본 적 없는 당신의 손.
언제나 잘못된 시간의 열쇠를 아침에 건넨다.

등 뒤에서 당신은 나지막이 묻는다.
"지금은 몇 시죠?"

나는 생각한다.

멀리 떨어진 두 개의 눈동자를 이어주는 흙길.
녹슨 나침반의 떨리는 북쪽.

오전 열 시.
이제 일어나야 해요.

잃어버린 선물

이별은 다른 별에서 온 전언
매일매일 죽는 우리에 대한
그러나 받아들일 수 없다
믿을 만한 죽음은 항상 맨 나중 것이기에
네게서 받은 이상한 선물
다른 별에서는 사랑스런 생물이었고
이 별에서는 무서운 사물이었던
그것을 무어라 불러야 했을까
그것을 잃어버렸다
이름도 없어 처량한 그것을
어느 날 밤에
무심코 떨어지는 유성
십 년 전에 멈춘 시계
내 손이 앉았다 떠난 어깨
먼 외계에서 멸망하고 있는 그것들이
길고 낮게 숨 쉬는 소리를 들은 적이 있다
들으면서 흐느껴 운 적이 있다

별

별은 빛나고 있다

북반구에서는 라틴어로
남반구에서는 마오리어로

별은 빛나고 있다, 별은

어머니에겐 아버지 생각

그저 바라보신다
바라보신다

붉은 산과 토끼에 관한 아버지의 이야기

소싯적 아버지는 붉은 산속에서 토끼를 키웠다
열 마리를 백 마리로 백 마리를 천 마리로 늘리겠어!
아버지는 산 아래를 향해 주먹을 흔들며 외쳐댔다
아버지는 헤밍웨이와 스타인벡을 읽으며 토끼를 키웠다
달무리 진 밤 희뜩한 별빛들로 어설픈 천점(天占)을 보고
손수 담근 산머루 술을 벌컥벌컥 들이켜고
마른 나뭇가지를 들어 허공에 불립문자를 휘갈기기도 하였다
아버지는 술에 취하면 쓸쓸한 얼굴로 말하곤 했다
토끼가 늘어날수록 고독과 광기도 늘어나더군

그러나 하루하루 아버지의 함성은 녹슬고 주먹은 금이 갔다
깨우침은 정처 없어지고 용기는 구부정해졌다
그러던 어느 날 산림단속원들이 토끼농장에 들이닥쳤다

아버지는 산 아래 마을로 내달렸다
거기 어느 피륙 가게 경리였던 어여쁜 어머니에게 도움을 청했다
아버지는 산에 두고 온 아름답고 사랑스런 토끼들을 떠올리며 울었다
어머니의 긴 손가락이 아버지의 봉두난발 머리칼을 쓰다듬었다
다른 한 손의 긴 손가락으로는 굴리던 주판알을 마저 튕겼다
아버지는 술에 취하면 그때를 떠올리며 말하곤 했다
너희 어머니는 동정심과 현실감각을 모두 갖춘 보기 드문 처자였지

세월은 흐르고 아버지와 어머니 사이에서 토끼 같은 삼 남매가 태어났다
아버지의 고독과 광기는 점차 잦아들었다
아버지는 가장의 역할을 다하고자 공무원 시험에 응시하여 합격했다

아버지는 헤밍웨이와 스타인벡을 읽으며 우리 삼남매를 키웠다
아버지는 때로는 쓰고 때로는 말했다
때로는 환멸에 대해서 때로는 치욕에 대해서 쓰고 말했다
마치 행복을 불러오는 유일한 방법이라도 되듯이

아버지는 술에 취하면 회한에 젖어 말하곤 했다
나는 전도양양한 토끼농장주였어
공무원 시험도 단 한 번에 합격할 만큼 머리가 좋았다구
하지만 그 여우 같은 산림단속원들이 토끼들을 무자비하게 살육했지
이제 나도 그놈들처럼 공무원이 된 거야
그놈의 돈 때문에 원수들과 한 무리가 된 거지!
언젠가는 붉은 산으로 돌아가고 말 거야
거기에는 어쩌면 살아남은 토끼들이 나를 기다리고 있을지도 몰라

아버지는 붉은 산속에서 토끼를 키웠었다
아버지는 붉은 산 아래에서 우리 삼 남매를 키웠다
아버지의 마음속엔 많은 방랑들이 녹슨 왕관처럼 굴러다녔다
아버지는 아무도 사랑할 수 없었고 아무도 증오할 수 없었다
아버지는 태양이 영원히 뜨거운 상태로 죽어가듯이 죽어갔다

아버지는 몇 해 전 어느 여름날 돌아가셨다

나는 아버지의 붉은 산이 어디인지 모른다
아버지의 붉은 산 이야기가 사실인지 아닌지도 모른다
거기가 어디든 거기가 실제로 존재하든 아니든
아버지는 결국 붉은 산으로 돌아가셨을 것이다
아름답고 사랑스런 토끼들이 살고 있을 붉은 산

으로
	고독과 광기가 아직도 뜨겁게 불타고 있을 그 붉은
산으로

노스탤지어

유물론자들은 일찍 죽는다
그들은 모순을 설파하지
자기 영혼에 불꽃을 던진 방화범
판관은 고민한다
후회는 양심의 증거인가
죄의 증거인가
法은 만졌을 때 더 차가운 것을
좋은 물증으로 택하지
그러나 음유시인은 노래한다
감미로운 이끼가 풍미하는 절벽
하품과 하품 사이에서 나고 죽는
산양의 일생
평생 되새김질할 만큼
뱃속에 가득한 無
기억의 치외법권에서 들려오는
영원한 헛구역질 소리
뒤돌아보지 않으리
이 삶은 내가 살고도
내가 살지 않았으니

이상하게 말하기

공원 벤치에 홀로 앉아
손목시계 위의 시간을 읽는다
분침과 시침 사이에 펼쳐진 고요와
고요 아래 째깍거리는 소요를 헤아린다
빛과 어둠이 정확히 절반으로 갈라지는 오후
자라나는 애처럼
죽어가는 새처럼
나는 이상하게 말한다
나는 산책에서 상념을 지우고
길가의 낙엽더미에 왼손을 묻었다
내가 죽기 전에 미리 죽은 손
이라 말한다면 이상하겠지
내가 그녀에게 입 맞췄을 때
그녀의 머리는 동그랗게 부풀어 올랐다
그녀의 입이 내 입안에 향기 좋은 휘파람을 불었다
나는 생각했다
그녀의 생각이 신기한 계절로 흐르나 보다
공원 벤치에 홀로 앉아

내 그림자가 조금씩 흐려지는 것을 바라본다
내 그림자가 네 그림자보다 더 진했었지
라고 말한다면 서글프겠지
나는 마침내 고개를 떨군다
서글퍼서가 아니다
머릿속에서 꽃 한 송이가 졌기 때문이다
지금은 머릿속에서 온갖 꽃들이 시드는 오후다
공원 벤치에 홀로 앉아
이상한 말들을 중얼대는 오후다
몇 시인가 시계를 들여다보니
고요와 소요가 정확히 반으로 나뉘는 시간이다

무화과 꿈

무화과가 먹고 싶어
그때 그대가 내게 말했네
때는 한겨울이었는데
밤거리를 헤맨 끝에
나는 말린 무화과를 사 왔네

그대는 말했네
호호호, 수고했어
호호호, 말린 무화과도 무화과는 무화과
그대는 말린 무화과를 맛있게 먹었네
나는 말했네
나는 무화과 알레르기
무화과 한 입만 씹어도 숨이 가빠져

그대는 말했네
호호호, 당신은 정말 바보 같아
그리고 그대는 고이 잠들었네
그대의 늙은 개를 끌어안고

나는 가끔 생각하네
그대의 늙은 개는 지금쯤 늙어 죽었을까
나는 가끔 그대 소식을 듣네
그대는 유명인사 장례식에 참석하는
유명인사가 되었고
그대는 더 아름다워졌다고 하네

나는 가끔 궁금해지네
그대는 몇 살까지 아름다울까
그대는 몇 살에 죽을까

나는 어젯밤 그대 꿈을 꿨네
우리는 무화과를 나눠 먹었네
그리고 그대는 고이 잠들었네
그대의 늙은 개를 끌어안고
나는 그대 옆에 누워 숨이 가빠졌네
나는 눈을 감고 눈물을 흘렸네
그리고 결국 나는 죽었네

음력

내가 아주 슬펐을 때
나는 발아래서 잿빛 자갈을 발견했었지.
나는 그때 나의 이름을 어렵게 기억해내어
나에게 말했지.
내일이면 괜찮아질 거야.
내일은 음력으로
모든 게 잊힌 과거야.

젊은 시절 어떤 여행길은
목적지가 있다기보다
서쪽으로
그저 서쪽으로 가는 길이었지.
그때 나는 노래했지.
어제까지 돌 위에 서 있던 사람이
오늘은 돌 아래 누워 있네.
어제까지 돌 아래 누워 있던 사람이
오늘은 그 옆에 또 다른 돌이 되었네.

내가 아주 슬펐을 때,
나는 최대한 낮은 어조로
서쪽의 지평선을 읽었지.
서쪽은 음력으로 어제의 동쪽이고
지평선은 하나의 완벽한 입체이니까.
나는 그때 나의 이름을 영영 잊어버리고
미래에 펼쳐질 운명의 면적을
달 뒷면의 운석 자국처럼
느릿느릿 넓혀가고 있었던 거야

내가 아주 슬펐을 때
나는 발아래서 잿빛 자갈을 발견했었지.
그것은 음력으로
인간의 아물지 않은 흉터이고
그때 그대의 사랑스러운 이름은
지상에서 이미 반쯤 지워진 채
화석 같은 인광으로 푸르게 빛나고 있었던 거야.

변신의 시간

아무 거리낌 없이 인생은 시작됐다
어린 나뭇가지들이
계절과 계절 사이에서 죽어갈 때
나는 양미간을 찌푸려
그 가냘픈 육신들을 이마 위에 옮겨 심었다
시간의 무덤에 꽃과 향과 초를 바치는
번제(燔祭)의 밤마다
나는 백 일치의 기억을 불태우곤 했다
어른이 되어간다는 것과 상관없이
늙어갔지만 늙어간다는 것과 상관없이
죽기는 싫었다
모든 방황은 무익했으며
모든 여행은 무가치했다
파도의 음계는 어느 바다인들 다르지 않았고
구름의 울음은 어느 그림자도 흔들지 못했다
그렇지 않았다면 난 돌아오지 않았을 것이다
그러나 기어이 머물 수 없음이여
또한 결코 사라질 수 없음이여

오래전 길 위에서 만난 어느 현자는 말했다
인도네시아의 일만 사천 개 섬들은
모두들 하나씩 화산구를 지니고 있다네
그대는 멸망으로 나아가는 그대만의 비밀을
간직하고 있는가
오늘 나는 오래된 현자의 말을 떠올렸지만
하얀 얼굴로 밥을 떠먹는 너를 바라보며
강퍅한 결심 하나를 몰래 거두어야 했다
너는 내 옆에서 아이처럼 잠들었다
잠든 너를 바라보며
나는 지금 인간의 침묵에서
벌레의 침묵 쪽으로 조금씩 나아간다
멸망에 관한 한 그것이 가장
바람직한 미래라는 것을 믿어 의심치 않기에

속물의 방

그는 곡선이 없는 방 안에 살고 있다
그는 생각한다, 이 방은
정확한 각도로 오려진 유배지
천장으로부터 드리워진 빈 새장을 바라보며
그는 또 생각한다
새장은 새가 없을 때
더 완벽하지 않은가
이 방에서 그는 커피와 담배, 그리고
몇 개의 바람직한 성격들에 중독돼간다
오래전 누군가와 함께 들었던
어느 자갈 해변의 파도 소리를
이 밤에 어울리는 소야곡으로 떠올리며
그는 좋은 기분에 빠져든다
그는 곡선이 없는 방 안에 살고 있다
누군가 떠날 때 방 안에 있던
곡선들을 죄다 지워버린 것이다
그는 생각한다, 좋은 취향이란
혈통이 좋은 암고양이 같은 것

머물려고도 달아나려고도 하지 않는
우아함, 그 우아함에
그는 매혹되었다, 그리고
그는 자신한다, 그의 불행에는
분명 어떤 긍정적인 측면이 있다고
이 빈방에서 그는 지금
하나의 완벽한 태도를 창조하고 있다고

그라나다

발에는 헐거운 바람을 신고
등에는 단단한 태도를 걸치고
여행을 떠난다
떠나지 말아요
내 눈동자에 호소했던 그 불덩어리
오늘의 여행에 동행자는 없다
어제까지는 함께했건만
하지만 나의 태도는 어느 때보다도 단단하다
스솨스솨
나의 발걸음은 바람을 질질 끌고 나아간다
발치에 떨어지는 정오의 종소리
한 번 두 번 세 번……
왕보다 왕국이
왕국보다 알람브라가
알람브라보다 사이프러스가 오래 연명한다
이곳에서 죽음은
삶으로부터 투명한 화관을 빼앗아
차가운 돌길 위에 내팽개친다

오랜 세월이 흘렀다
앞으로 나아가도 새로운 대지는 더 이상 나타나지 않는다
나는 다 늙어버린 노인
너무나 외롭다
어제까지 함께했던 동행자가 그립다
눈동자 속에 불을 숨긴 검은 피부의 여인이 그립다
여행을 떠난다
발에는 헐거운 바람을 신고
등에는 단단한 태도를 걸치고
떠나야 한다
한 발짝을 내딛자마자 길 위에 쓰러질지라도
발치에 떨어지는 정오의 종소리
한 번 두 번 세 번……
네번째 종소리는 들리지 않을지라도

홀로 여관에서 보내는 하룻밤

구름의 그림자가 화인(火印)처럼 찍힌 저녁 바다를 바라본다
나의 파탄이 누군가의 파탄으로 파도쳐 간다
어떻게 그댈 잊을 수 있겠는가
그토록 사소한 기억들에 골고루 분포되어 있는 그대를

수 개의 등불을 끄고 한 권의 책을 덮으면
이 방의 어둠은 완성된다
행간에 머물던 내 시선이 곁눈질로 더듬었던 달빛이
방 안에 순식간에 스며든다

나는 나를 간절히 안아주고 싶기도 하고
이 세계를 두 발자국 만에 짓눌러버릴
거대한 눈사람을 저 모래사장에 우뚝 세우고 싶기도 하다
간혹 내 머릿속에선
옷을 입고 있는 사람과 벗고 있는 사람이

나를 버린 이들의 목록을 둘러싸고 논쟁을 벌인다
그리고 간간이 동시에 떠오르는 다른 죽음들

회한과 자조로 가득한 겨울밤
과거를 향하여 이를 가는 짐승
파도를 가지 치며 수평선 위로
쑥쑥 자라 오르는 미래의 날카로운 환상
그때 뜨거운 물을 숨긴 주전자 같은 영혼은
내가 셋을 세기도 전에 태어나는 것이다
완벽한 혼란이 아니라 혼란스런 완벽으로부터

여관방 구석의 냉장고에선
실금 같은 빛이 새어나와 세계를 야금야금 톱질하기 시작한다

결국 극단을 택할 것인가, 나는

체념(體念)

어떤 날씨와도 무관한 기후 속에서
지평선을 바라본다
나는 이미 알고 있다
그림자는 태양이 사물을
영원히 주시하고 있다는 증거인 것을

내 곁에는 지금 아무도 없다
다만 머릿속엔 유순한 양 한 마리
그것의 사라지는 다리
사라지는 머리
사라지는 꼬리
그것은 타원형의 구름이 되었다
그것은 지나치게 순수해졌다

꿈속에서 나는 조금씩 위험에 빠지고
규칙적으로 절규한다
나는 바란다
생각에 너무 골몰하지 않는

평범한 어부의 자세를 좇을 수 있다면
귓바퀴는 여린 물결 소리들을 하나씩 불러 모으고
눈동자는 달빛의 무딘 뿔 끝을 어루만지고
나는 조금씩 안전해지고
규칙적으로 희망을 가지고

새벽녘 공기의 성긴 그물 아래에서 깨어나면
지난밤 꿈이 운 좋게 포획한 한 마리 물고기인 양
가슴속에서 심장이 퍼덕거린다
나는 수평선을 바라본다
세상에서 가장 기다란 사물인 그것을
어떤 요구와도 무관한 기다림 끝에
나는 문득 깨닫는다
시계는 시간이 거짓말이라는 증거인 것을

나는 무언가를 예감한다
그것은 매우 기적적인 종류의 일일 수도 있다
그것이 무엇이든 간에

나는 그것을
오래오래 체념할 것이다

4월

나는 너의 소식을 기다리고 있었다
미지의 별빛과
제국 빌딩의 녹슨 첨탑과
꽃눈 그렁그렁한 목련 가지를
창밖으로 내민 손가락이 번갈아가며 어루만지던 봄날에

나는 너의 소식을 기다리고 있었다
손가락이 손가락 외에는 아무것도 어루만지지 않던 봄날에

너의 소식은 4월에 왔다
너의 소식은 1월과 3월 사이의 침묵을 물수제비뜨며 왔다
너의 소식은 4월에 마지막으로 왔다

5월에도 나는 너의 소식을 기다리고 있었다
6월에는 천사가 위로차 내 방을 방문했다가

"내 차라리 악마가 되고 말지" 하고 고개를 흔들며 떠났다

　심리 상담사가 "오늘은 어때요?" 물으면 나는 양미간을 찌푸렸고

　그러면 그녀는 아주 무서운 문장들을 노트 위에 적었다

　나는 너의 소식을……

　물론 7월에도……

　너의 소식은 4월에 왔다

　너의 소식은 4월에 마지막으로 왔다

　8월에는 어깻죽지에서 날개가 돋았고

　9월에는 그것이 상수리나무만큼 커져서 밤에 나는 그 아래서 잠들곤 했다

　10월에 나는 옥상에서 뛰어 날아올랐고

　11월에는 화성과 목성을 거쳐 토성에 도착했다

우주의 툇마루에 쪼그리고 앉아 저 멀리 지구를 바라보니
　내가 가지런히 벗어놓은 신발이 늙은 개처럼 엎드려 나를 기다리고 있었다
　12월에 나는 돌아왔다
　그때 나는 달력에 없는 뜨거운 겨울을 데리고 돌아왔다

　너의 소식은 4월에 왔다
　4월은 그해의 마지막 달이었고 다음 해의 첫번째 달이었다

　나는 너의 소식을 기다리고 있었다
　아주 오래 기다리고 있었다

운명의 중력

내 눈동자는 태양을 오래 바라보지 못한다
하지만 누구에게나
제멋대로 하늘의 형태를 바꿀 수 있는 시력이 있다

산책 내내 개는 쉬지 않고 짖는다
행인과 자동차를 향해
나무와 철탑을 향해
심지어는 구름과 그 너머의 창공을 향해

난리가 났구나
행인, 자동차, 나무, 철탑, 구름, 창공
하나하나 다 무서운 거겠지
이 세상에 무섭지 않은 게 뭐가 있겠니

너에게 운명을 바꿀 수 있는 능력이 있었더라면

앞장선 개가 짖다 말고 뒤돌아본다
나는 웃고 개는 꼬리 흔든다

나와 개 사이의 중력이 따끔따끔 눈동자를 찌를 때

나는 내 사랑을 떠올린다
내가 구원에 목말라 뒤돌아볼 때마다
키득거리며 머나먼 별의 흰 이빨을 보여주는

내 운명에 속하는 것과
내 운명에 속하지 않는 것
장난꾸러기 내 사랑은 나 몰래
둘 사이에 간지러운 중력을 숨겨놓는다

나에게 운명을 바꿀 수 있는 능력이 있었더라면

나에게는 운명을 바꿀 수 있는 능력이 있다

H.A.에게 보내는 편지

 당신이 쓴 글을 우연히 보았습니다. 나로 하여금 단번에 당신을 사랑하게 만든 그 매혹적인 글을. 영혼에 관한 글이었던가요? 세상의 모든 글은 영혼에 관한 글이라고 믿습니다. 당신과 나는 도서관이나 서점에서 우연히 마주친 적이 있었지요. 그러나 우리 둘이 가장 가까웠을 때도 우리의 그림자는 겹쳐본 적이 없었지요. 지금 우리 사이의 거리는 지금까지 우리 사이에 놓였던 거리 중에 가장 멉니다. 이곳은 하늘의 별빛이 사람의 눈빛을 닭 모이처럼 쿡쿡 쪼아 먹는 땅이라는 기이한 이름을 가진 이국의 도시입니다. 이 가난한 나라의 아침도 여느 곳과 다름없이 하나의 위대함을 이룩한답니다. 정오까지 태양을 하늘의 가장 높은 곳에 올려놓기. 당신 영혼의 아침은 가장 높은 곳에 무엇을 올려놓으셨나요? 오늘은 새벽부터 비가 내립니다. 때때로 비는 성부 성자 성신의 이름으로 내린다고 믿습니다. 잎사귀들은 믿음이 약한 순서대로 떨어지지요. 그러나 믿는 자에게도 파국은 온다는 것, 그것을 명심해야 합니다. 당신에게도 그러했듯이 말입니다. 저 역시 당신처럼 신을 믿습니다. 불가능한 일에 대해 묵상하는 것이 저의 취미랍니다. 이제 제가 왜 당신에게 편지를 쓰고 있는지 아시겠습니까? 당신은 오래전에 죽었으니까요. 당신의 육신은 흔적 없이 사라져 우리 사이에는 혼혈아도 고양이도 베고니아도 태어날 수 없습니다. 우리가 입을 맞출 수 없다는 사실을 축복이라 믿어야 하나요? 지금 나는 당신이 담배를 물고 있는 흑백사진 한 장을 바라보며 담배 한 대를 물어봅니다. 탁자 위로 낯선 향유 냄새를 끝없이 피워 올리는 촛불로 담뱃불을 붙이고 나면 나는 그 불로 마지막 문장 하나를 남긴 이 편지도 태울 것입니다. 그것이 이 편지가 그대에게 도달할 수 있는 유일한 길이라고 믿으니까요.

Stephen Haggard의 죽음

전쟁이 끝난 지 한참이 지났건만
그는 오늘도 죽음에 대해 생각한다.
물론 아주 오래는 아니고.
아주 깊이도 아니고.
말하자면 지나치게 과장된 배우의 몸짓으로.
조금은 설익은 비평가의 말투로.
자, 모두들 각자의 헛된 계획들에서 내려와 여기 누워라.
죽음에 대해 말해주지. 그리고 나서
아아, 오늘은 너무 지치는군, 내일 계속할까?
그런 식으로.
잠시 침묵하는 사이 그의 피곤한 혀는
다른 노래의 음들을 다정하게 끌어안고 짧은 선잠에 빠져든다.

전쟁이 끝난 지 한참이 지났건만
그는 오늘도 여행 중이다.
간지럽혀도 더 이상 간지럽지 않게 된 굳은 발바닥

으로,
　선박이 아니라 기차로,
　웨일스에서 스코틀랜드가 아니라
　카이로에서 팔레스타인으로,
　촌충 같은 푸르름으로 갈래갈래 찢긴 허름한 먹구름 아래서
　그는 휴식을 취하며 생각한다.
　모든 가난한 고장들을 공평하게 방문하기,
　죽음에 대한 집중력을 잃지 말기,
　여행이란 가장 온순한 형태의 투쟁이다,라고
　그는 마른 강아지풀로 바람 한 방울을 찍어 어둠 위에 기록한다.

　그는 열차의 창문에 비친 자신의 얼굴이
　꾸들꾸들한 밀반죽처럼 낯설게 변해가는 것을 바라본다.
　아아, 여기가 도대체 어디지?
　수심에 가득 찬 표정이 유발하는 더한 수심 속에서

그는 자기 자신에게 말한다.
나의 유일한 독자여,
죽음에 대해 말해주지, 여기가 어디든 간에,
이제 그만 그 헛된 계획에서 내려와라.
이제 그만 그 위태로운 생명줄 위에 올라타라.
그는 눈물을 떨어뜨리며.
다시 한 번 자기 자신에게 말한다.
전쟁은 끝났다. 전쟁은 끝났다.
나는 더 이상 할 말이 없는 것이다.
나에게 주어질 배역은 더 이상 없는 것이다.

별똥들이 국숫가락처럼 허공을 긋는 밤하늘 아래서
그는 배고픔에 젖어 써 내려간다.
"나는 어제 '금일 휴업'이 걸린 빵 가게 창문 앞에 오랫동안 서 있었다."
그는 식은 지 오래인 칡차를 홀짝이며
여러 나라를 전전했던 자신의 짧은 삶을 반추해본다.
그는 오랜만에 영국식 발음으로 '죽음'이라고 말해

본다.
 아아, 얼마나 익숙하고 아늑한가.
 사실은 태어나면서부터 그의 이름 속엔
 죽음의 알파벳들—d, e, a, t, h—이 군데군데 숨어 있었으니.

 어찌 됐든 전쟁은 끝났다.
 그는 눈물을 떨어뜨리며
 좀 전에 썼던 문장을 급하게 지운다.
 그리고 그는 지체 없이 자신의 머리에 대고 피스톨의 방아쇠를 당긴다.
 선박이 아니라 기차 안에서,
 웨일스에서 스코틀랜드가 아니라
 카이로에서 팔레스타인으로 가는 길 위에서,
 그의 정수리에는 총탄 구멍이 뚫린다.

 그렇게 전쟁은 끝났다.
 이제 아무리 노력해도 그는

전쟁에 대한 두툼한 보고서를 완성하지 못할 것이다.
죽음에 대한 시 한 줄 쓸 수 없을 것이다.
심지어 그 비참한 진실에 대해서도
그는 더 이상 아무런 감흥을 느낄 수 없을 것이다.

* Stephen Haggard(1911~1943): 영국의 시인이자 극작가이자 배우. 한때 인기 절정의 배우였으나 제2차 세계대전 후 연기 경력이 실패하고 거기에 실연의 아픔까지 더하면서 31세의 나이에 권총 자살로 생을 끝맺는다.
** 이 시는 진은영의 시 「비평가에게」에서 나온 단어 서른여섯 개를 넣어 만들어졌다. "비평가, 기차, 창문, 어디지, 알파벳, 웨일스, 스코틀랜드, 금일, 휴업, 촌충, 칡, 말해주지, 타라, 사이, 고장, 어둠, 강아지풀, 다정하게, 음들, 꾸들꾸들한, 반죽, 내려와, 누워라, 아무리, 길고, 피곤, 잠시, 이름, 나라, 국숫가락, 간지럽혀도, 한 방울, 떨어뜨린다, 발음, 기록한다, 보고서"라는 단어들을 활용했다.

무명작가

내가 오랜 잠에서 깨어났을 때
종이 깨지는 소리와
현이 끊어지는 소리가 동시에 들렸다
그리고 어디선가 펜이 날아와 심장에 꽂혔다
나는 죽음이 야적돼 있는 들판이 어디인지 모른다
천재들은 알지도 모르지
나는 천상에 아로새겨진 천성을 본 적이 없다
천재들은 봤을지도 모르지
그러나 신경 쓰지 않는다
그러나 나는 대충 쓰지 않을 것이다
이번 겨울에는 첫번째 걸작을 서둘러야지
헌사 따위는 없다
그러나 결국 나는 바치겠지
내 이름 석 자도 모르는
모든 독자들과
존경하는 비평가들에게

연보(年譜)

나는 소설책보다는 시집이 더 좋아
나는 시보다는 작가 연보가 더 좋아
나는 언제나 무덤에 가까운 쪽에 매혹되니까
물고기들은 죽으면 심해로 가라앉아
서로의 죽음을 가리키는 화살표(>----▷)가 되니 좋아
물고기 뼈가 물고기 연보의 끝이야
나는 상념의 심해로 빠져들어
내 주먹은 심해 문어의 대가리처럼 부풀다 터져버려
핏물 대신 먹물을 뿜고
그러나 어떤 먹물로도
세계를 암흑시대로 되돌릴 순 없어
상념의 원환은 끝이 없어
아무도 나를 붙잡을 순 없어
우주 전체가 나의 옷깃이야
아무도 나를 비웃을 수 없어
나의 연보는 수십억 광년이야
영원으로부터 질주해오고 있어

아직 지구에 없는 내 초라한 무덤을 향해
아직 내 무덤이 없는 찬란한 지구를 향해

사랑은 나의 약점

당신은 내게 어느 동성애 운동가의 시를 읽어준다.
강렬하고 아름답고 신비로운 시를.
내 언어가 결코 가닿지 못한 슬픔의 세계가
밤하늘의 성좌처럼 선명하게 펼쳐진 시를.
나는 고통스럽다.
반은 질투심에, 반은 감화되어.
그러나 나는 다만 고개를 끄덕이며 듣는다. 참으로 오랜만에
 진실된 목소리에 귀 기울일 줄 아는
 한 명의 유순한 독자가 되어.

시를 읽고 난 후 당신은 내게 웃으며 말한다.
당신이 동성애자였다면
이렇게 좋은 시를 쓸 수 있었을 텐데.
나를 사랑하는 것, 그것이 당신의 유일한 약점이군요.
의도하지 않았겠지만
당신의 위트 섞인 선의 아래에는

아주 날카로운 메시지가 숨어 있다.
내가 중산층 이성애자 시인이라는 사실.
그것은 유일한 약점이 아니라
나의 본질적인 한계가 아닌가?

나는 오늘 두 통의 전화를 받았다.
한 사람은 말했다.
축하합니다. 당신의 시가 "올해의 좋은 시"로 뽑혔습니다.
내일까지 수상 소감을 보내주세요.
다른 사람은 말했다.
아쉽지만 당신의 시는 대중 집회 장소에서 읽기는 다소 어렵군요.
내일까지 소통이 좀더 용이한 시를 보내주시겠어요?
두 사람은 같은 시에 대해 이야기한 것이었다.
나는 두 사람의 말을 따를 수밖에 없다. 내일까지
아주 문학적인 수상 소감문 하나와

아주 대중적인 시 한 편을 보내야 할 것이다. 나는 그들이 기대하는 성실한 시인이자 선량한 시민이니까.

그런데 당신에게 말하지 않은 것이 있다.
그 시에서 나는 당신에게 청혼을 했다.
내가 한 줄기 따스한 입김을 후우, 당신의 귀에 불어넣자
당신은 활짝 웃으며 좋아요! 하고 수락했다.
나는 언젠가 당신에게
지극히 평범하고 직설적인 말로
말하자면 전혀 시적이지 않은
기껏해야 두 문장 정도로 이루어진 말로 청혼을 할 생각이다.
나는 안다. 전혀 시적이지 않은 그 두 문장이
내 인생의 행복과 불행을 결정지을 것이다.

또 하나 당신에게 말하지 않은 것이 있다.

당신이 시를 읽는 동안 나는 우연히
창밖으로 한 노인이 지나가는 것을 보았다.
그는 쪽동백나무 아래로 아주 천천히 걸어가면서
질질 끄는 기괴한 발걸음으로
떨어진 꽃잎들이 아름답게 수놓은 길을 갈기갈기
찢어놓았다.
그 노인과 나는 눈이 마주쳤다.
아니다. 사실 마주치지 않았다.
그 노인은 내게 하나의 이미지였다.
내가 대변할 수 없는 세계로부터 던져진 잿빛 가죽
포대였다.
그 노인이 나와 눈이 마주쳤더라면
단 1초만 마주쳤더라면 나는 이렇게 썼을 텐데.

그는 내게 말하는 듯했다.
시인이여, 노래해달라.
누구나 짐작할 수 있는
나의 머지않은 죽음이 아니라

누구도 모르는 나의 일생에 대해.
나의 슬픈 사랑과 아픈 좌절에 대해.
그러나 내가 희망을 버리지 않았음에 대해.
모든 것을 극복하고 생존하여 바로 오늘
쪽동백나무 아래에서 당신과 우연히 눈이 마주쳤음에 대해.
나는 너무 많은 기억들을 어깨 위에 짊어지고 있는데
어찌하여 그 안에는 단 하나의 선율도 흐르지 않는가.
창가에 서 있는 시인이여,
나에 대해 노래해달라. 나의 지친 그림자가
다른 그림자들에게는 없는 독특한 강점을 지녔노라고 제발 노래해달라.

당신이 시를 다 읽고 났을 때 노인은 이미 사라지고 없었다.
나는 당신에게 웃으며 말한다.
정말 좋은 시군요.

질투심을 느낄 정도로. 당신이 이야기한

나의 유일한 약점, 당신을 사랑하는 것은 어쩔 도리가 없네요.

그런데 내 사랑, 오늘은 내가 할 일이 너무 많군요.

내일까지 당장 두 편의 글을 마감해야 해요!

|발문|

나의 아름답고 가난한 게니우스,
너는 말이야

진은영

1

 심보선과 부자 아버지를 갖는 행운에 대해 이야기를 나눈 적이 있다. 그렇게 된다면 그는 세상에서 제일 큰 저택을 구입할지도 모른다. 너무 커서 옛 연인을 초대해도 그 저택 안에서 결코 마주치지 않을 만큼 넓은 집. 그곳에서 가장 크고 높은 나무에 올라가 몰래 망원경으로 살펴보면 그녀가 그와 사랑을 나누던 시절만큼 아름다운지, 아직도 무화과를 즐기는지 관찰할 수 있는 그런 집.
 그렇지만 우리들의 진짜 아버지는 너무 가난해서, 혹은 유산 없이 돌아가셔서 우리는 그런 저택의 주인이 될 수는 없을 거야. 낭만적으로 빛나는 장식과 가구 같은 말들로 채워진 언어의 저택은 우리의 소유가 아니다. 그래도 괜찮다. 우리는 거리에서도, 허름하게 부서진 건물 안에서도 만나 연인이 되고 친구가 되고 사랑하고 슬퍼하며 살아갈 수 있으니까. 우리가 최근에 알게 된 가장 가난한 이는 모리스 블랑쇼였다. 그는 언어 속에서 자신이 가진 모든 것을 다 상실하는 사람이다. 그는 우리가 상상했던 것보다 훨씬 더 가난했다. 그가 내린 문학의 정의 속에서 시인과 독자는 전 재산을 탕진하는 도박꾼처럼 모든 것을 잃는다.

2

사람들은 작품 속에는 작가가 몰래 숨겨둔 금화 같은 것이 있다고 생각한다. 위대한 작가일수록 많은 금화를 깊숙이 숨겨두고, 현명한 독자일수록 그것을 많이 찾아낸다는 것이다. 그리고 비평은 작품에 숨겨진 금화와 잔돈 몇 푼까지 샅샅이 조사하여 작품의 가치를 정밀하게 평가하는 감정업이라는 식이다. 하지만 블랑쇼의 이상스런 정의에 따르면 "작품은 물건 속으로 사라지는 것을 나타나게"(『문학의 공간』, 이달승 옮김, 그린비, 2010, p. 324) 하는 것이며 숨겨진 보물을 둘러싼 모험과는 아무 상관이 없다. 가령 대리석으로 만들어진 조각은 대리석 계단이 숨겨버린 것을 드러나게 한다. 물론 대리석 계단도 나무나 콘크리트로 만들어진 계단과 달리 대리석이라는 재질의 고급스러움을 그대로 드러내주며, 계단이라는 용도에 묻혀 있는 대리석을 찬미하게 한다. 그렇지만 그때 드러나는 것은 대리석이 아니라 이미 통념적으로 소비되고 있는 부유함의 이미지다. 대리석으로 만들어진 조각은 그 조각 없이는 우리가 볼 수 없는 물질의 현전(現前)을 보여준다. 즉 작품이 물건의 용도 속으로 사라지는 것을 나타나게 해준다.

하이데거는 '눈앞에 있음'(Vorhandensein, 현전하는 존재)과 '손 안에 있음'(Zuhandensein, 도구적 존재)을 구별하면서 한 사물이 도구적 용도 속에서 파악되는 한, 그 사물은 눈앞에 드러나지 않는다고 규정했다. 우리가 어떤 도구의 존재감을 눈앞에서 강렬하게 느끼게 되는 것은 그 도구가 망가졌을 때뿐이다. 편안한 신발은 신지 않은 것처럼 여겨지고 고분고분한 연인은 나와 다른 존재로 느껴지지 않는다. 그러므로 하이데거에게 눈앞에 있는 사람이나 사물로 나타난다는 것은 용도성에 대한 신뢰를 떨어뜨리는 부정적인 상황이다. 우리를 둘러싼 것들은 그 쓰임을 충실히 이행하고 신뢰도를 최대화함으로써만 사랑스럽게 '눈앞에 없는' 것이 될 수 있다. 그러나 블랑쇼에게는 그렇게 도구적 방식으로 눈앞에서 사라진 존재를 드러내는 것이 예술의 일이다. 하나의 작품, 한 편의 시는 눈앞에 없는 것의 '존재 증명'이어야 한다. 이런 점에서 심보선의 시들은 김소연의 다음 시와 절친하다.

너의 집 앞에 이르니 장관이다
국자 모양의 큰곰자리가 하늘 끝에 거꾸로 처박혀
너의 입에 뜨뜻한 국물을 붓고 있다
잘도 받아먹는 큰 입의, 천진한 너는 참 장관이다

집으로 돌아오는 저녁, 나는 날마다 신기하다
나의 집 앞에도 같은 별이, 같은 달이 떠 있다는 것에 대하여
하얀 눈이 길의 등을 감싸안고 있는 이 비탈에
성큼성큼한 네 발자국이 나의 대문을 향해 이미 있다는 것에 대하여

나, 사랑 없이도 밥을 먹을 줄 알고
사랑 없이도 너를 속박할 수 있게 됐다
너는 내 옆에 있는 사람이고
나는 곧 버려질 사람이고
네가 머물거나 떠나가거나
아무렇지도 않은 나이고 보면

아침밥을 꼭 차리겠습니다
노릇하게 구운 살찐 생선 살을 당신 밥숟갈에
한 점씩 올려놓기 위하여 젓가락을 들겠습니다

하루에 한 번씩 걸레질을 꼭 하겠습니다
당신 속옷을 새벽마다 이부자리 맡에 챙겨놓겠습니다
나는 나쁜 사람입니다
다음 생애엔 꼭 그렇게 하겠습니다
—김소연, 「백년해로」 전문(『소리 소문 없이 그것은 왔다』,
문학과지성사, 2000)

이 시는 사랑하는 아내라는 이름으로 드러나는, 특정 방식으로만 가시화되는 어떤 여자의 부재를 표현함으로써 결혼과 사랑의 가족적 호명 속에서 사라져가는 한 사람을 드러낸다. 그녀는 '너'의 눈앞에 어른거리면서 널 위해 밥을 차리고 청소를 하고 속옷을 챙겨야 하는 인물로 표상되는 존재다. 아내이자 연인인 '나'는 네 생활의 가사 도구이다. 그러나 그녀는 잘 회전하는 가정생활의 경첩에서 빠져나와 삐걱거림으로써 좋은 여자라는 도구적 현전의 방식에서 사라지기로 결정한다. 그 결정의 순간에 아내라는 용도 속에서 사라진 어떤 그녀—눈앞에 없는 그녀—가 시 속에서 비로소 나타난다.

심보선의 시 속에는 나쁘고 슬프고 잘 안 보이는 그녀들이 자주 등장한다. 그는 매번 연인과 싸우고 헤어지고 울고 울리며 숱한 불화를 일으킨다. 그렇지만 전투의 모든 과정에서 그녀는 제대로 작동되지 않은 채 하나의 고장 난 사물로서 눈앞에 보이는 사람이 아니다. 시인에게 그녀는 마주하고 있을 때조차 '눈앞에 없는 사람', 부재하는 연인으로 나타난다. 처음부터 그녀의 용도가 모호했기 때문이다. 그녀는 겨울철에 구하기 어려운 무화과를 요구하거나 시인의 그림자를 늘 길게 끌어당기는 여인이다. 그녀의 용도라야 고작 늦잠이 든 시인의 귓가에 "이제 일어"(「늦잠」)날 시간이라고 속삭이는 정도랄까? 그 속삭임은 우리가 제시간에 깨어나기 위해 자명종에게 기대하는 정확함이나 제법 쓸 만한 요란함조차 지니지 못했다. 눈앞에 있는 것 같지만 의당 있어야 한다고 기대되는 방식으로는 결코 눈앞에 없는 여인들. 그래서 그의 연인들은 어쩐지 전생의 연인처럼 한없이 그립고 환상적인 아름다움을 지닌 손가락으로 우리의 이마를 건드리는 것만 같다.

그런 점에서 그는 눈앞에 없는 사람, 즉 부재하는 연인에 대한 예찬자이다. 그는 사라진 연인에게 가장 성실하다. 아니 그녀가 사라져버려서 그녀를 사랑하는 것처럼 보인다. 이러한 종류의 성실함으로 말하자면 그는 눈앞에 없는 연인뿐 아니라 눈앞에 없는, 쓸모라고는 전혀 없는 모든 것에 대해 지독히 성실하다.

3

이 쓸모없음에 대해 오해는 하지 말아야 한다. 심보선

이 사랑하는 쓸모없음에는 어떤 절대적 휴식의 신성함이 깃들어 있지 않다. 예술 작품은 안식일의 작업물이 결코 아니다. 그는 예술이 어떤 필요에도 무관심한 것이라고 말하는 상투적인 정의와 싸우는 것처럼 보인다. 하느님은 세상과 그 세상을 채울 쓸모 많은 것들을 6일 만에 모두 창조하고 단 하루를 안식하였다고 전해진다. 신께서 노시는 날, 이 남겨진 하루에 들어와 창조자 행세를 하고 싶다는 것이 모든 예술가들의 욕구일지도 모른다. 남은 하루도 창조로 가득하여라! 그러나 그들은 예술가에게 주어진 이 단 하루는 안식일의 하루이므로 쓸모 있는 것이 아니라 쓸모없는 것들을 창조하는 일에 바쳐져야 한다고 생각한다. 이런 상투적 사유에서 발생하는 것은 일종의 신성모독이다.

끊임없이 가장 순진한 혹은 가장 미묘한 방식으로 표현되는 것이기에, 창조자는 예술가들이 강력하게 요구하는 이름이다. 예술가들은 이렇게 신들의 부재로 비어 있는 자리를 차지한다고 믿기 때문이다. 기이하게도 잘못 생각한 야심, 그가 신의 가장 신성하지 못한 일을, 신을 엿새간의 일꾼, 조물주, "모든 것을 행하기에 적합한 자"로 만드는 성스럽지 못한 일을 맡으면서, 예술가로 하여금 신성하게 되리라 믿게 만드는 환상. 더구나, 마치 그 부재가 예술의 깊은 진리인 것처럼, 예술이 그 고유한 본질 속에서 스스로 현전하게 되는 형태인 것처럼, 예술이 붙잡아야 하고, 어떤 식으로 보존해

야 하는 공허를 흐리게 하는 환상. (『문학의 공간』, p. 317)

안식일에 '여가를 즐기는 신성한 신'이라는 관념은 6일의 모든 활동을 노동으로, 그 활동의 산물을 도구적 사물로 전락시키고, 신을 고용된 일꾼으로 비하한다. 그리고 6일을 제외한 하루만이 진정으로 고귀한 예술적 창조의 날이라고 주장함으로써, 시인은 자신이 최고의 창조주가 된 듯한 환상을 갖는다. 그러나 블랑쇼는 이런 식의 창조적 예술가 속에서 예술이 영광스러워진다는 관념은 예술의 커다란 변질을 의미할 뿐이라고 비판한다. 예술 안에서 신보다 부유해지려는 잘못된 야심을, 그것이 가져오는 예술의 커다란 변질을 교정하기라도 하듯 심보선은 이렇게 쓴다.

> 나에게는 6일이 필요하다
> 안식일을 제외한 나머지 나날이 필요하다
> 물론 너의 손이 필요하다
> 너의 손바닥은 신비의 작은 놀이터이니까
> 미래의 조각난 부분을 채워 넣을
> 머나먼 거리가 필요하다
> 네가 하나의 점이 됐을 때 비로소
> 우리는 단 한 발짝 떨어진 셈이니까
> 수수께끼로 남은 과거가 필요하다
> ─「필요한 것들」 부분

시인에게 필요한 것은 안식일의 창조가 아니라 6일의 활동이다. 이 6일은 "안식일을 제외한 나머지 나날"이다. 그러한 나머지 날들로서의 6일은 온전한 일주일이며 한 달이며 하루도 빼놓지 않고 달력에 사랑의 날짜를 빼곡히 채우는 한 해이며 전생에서 후생에 이르는 영원이다. 그 6일의 영원 속에서 그가 하려는 것은 쓸모 있는 것을 만드는 노동이 아니라 쓸모없는 것을 만드는 사랑의 활동이다. 노동과 창조, 비예술과 예술, 엿새 대 하루라는 절대적 분할 속에서 사라지고 변질되는 것은 사랑으로 '비워져야' 할 예술의 공허 자체라는 점을 시인은 잘 알고 있다. 예술은 노동의 날들을 침해하지 않는 쓸모없는 단 하루의 창조로 남는 것이 아니라, 6일이자 7일이며 31일이고 365일인 모든 날들에 쓸모 있는 눈앞의 물건들을 지우며 그들이 부단히 다른 존재들로 바뀌는 사랑의 활동을 함께 살고 겪는 것이다. 그 활동을 위해 필요한 것은 예술의 적요한 고독이 아니라 추락하는 "너의 손바닥"들이다.

이 사실을 나는 홀로 깨달을 수 없다.
언제나 누군가와 함께……

추락하는 나의 친구들:
옛 연인이 살던 집 담장을 뛰어넘다 다친 친구.

옛 동지와 함께 첨탑에 올랐다 떨어져 다친 친구.
그들의 붉은 피가 내 손에 닿으면 검은 물이 되고
그 검은 물은 내 손톱 끝을 적시고
그때 나는 불현듯 영감이 떠올랐다는 듯
인중을 긁적거리며
그들의 슬픔을 손가락의 삶-쓰기로 옮겨 온다.

내가 사랑하는 여인:
3일, 5일, 6일, 9일……
달력에 사랑의 날짜를 빼곡히 채우는 여인.
오전을 서둘러 끝내고 정오를 넘어 오후를 향해
내 그림자를 길게 끌어당기는 여인, 그녀를 사랑하기에

내가 누구인지 모르는 죽음,
기억 없는 죽음, 무의미한 죽음,
내가 가장 두려워하는 죽음일랑 잊고서
인중을 긁적거리며
제발 나와 함께 영원히 살아요,
전생에서 후생에 이르기까지
단 한 번뿐인 청혼을 한다.

─「인중을 긁적거리며」 부분

시인은 떨어져 다친 이들의 손을 잡는다. 붉은 피와 슬품으로 그의 손가락을 타고 흐르며 그의 몸과 영혼을 적시는 다른 이의 손을 잡고 떨어지면서 그는 쓴다. 추락하는 이가 결국 다다르며 상처 입고 다치게 되는 어두운 바닥 어디께에서 마치 영감이 떠올랐다는 듯이. 그러므로 정확히 말해 그가 체험하는 것은 영감이 아니라 "홀로 깨달을 수 없"어 "언제나 누군가와 함께" 오는 찢어짐과 죽음이다. 찢어짐과 죽음을 겪는 순간 그는 영감이 떠올랐다는 시늉을 할 뿐이다.

그들의 손을 놓지 않는 한 그는 함께 떨어질 테고 다치고 죽을 것이다. 그 죽음은 "내가 누구인지 모르는 죽음"이 아니기에 시인에게 "가장 두려워하는 죽음"이 될 수 없다. 그 죽음은 나를, 나도 너도 아닌 "누군가"로 죽게 하는 비인칭의 죽음일 것이다. 이 죽음은 내가 홀로 결단하여 온전히 나의 것으로 소유할 수 있는 것이 아니며 언제나 다른 이의 손바닥을 필요로 한다. 함께 다치고 죽는다는 것은 그 속에서 나와 네가 영원히 분리되지 않는 낭만적 합일 상태를 표현하는 것이 아니다. 오히려 그들 각자는 이 죽음 속에서 자기 자신과 다른 누군가로 태어나는 것임을 시인은 알고 있기에 "내가 가장 두려워하는 죽음일랑 잊고서/인중을 긁적거리며/제발 나와 함께 영원히 살아요"라고 사랑하는 친구들에게 제안하고 연인에게 청혼할 수 있는 것이다.

4

   시인이 살고 죽고 태어나는 자리에서 지나치게 엄숙한 결의와 결단의 흔적을 찾으려 애쓸 필요는 없다. 추락하는 친구들은 상처 입고 죽어가는 이들이지만 그들은 그저 도움을 필요로 하는 불행한 자나 고통에 허덕이는 자들이 아니다. 그들은 시인의 게니우스다. 게니우스는 라틴어로 "어떤 사람이 태어난 순간 그의 수호자가 되는 신을 지칭하는 명칭이다. 〔……〕 이 신은 어떤 의미에서는 가장 친밀하고 우리에게 고유한 것이기 때문에, 우리는 삶의 모든 측면과 모든 순간에 이 신을 회유해야 하고 그의 호의를 유지해야만 했다"(아감벤, 『세속화 예찬』, 김상운 옮김, 난장, 2010, p. 11). 그런데 시인의 익살스런 수호천사는 "내가 태어날 때 환호성을 외치다/구름이 기도를 막아 추락"(「영혼은 나무와 나무 사이에」)했다. 시인은 함께 떨어지면서 그 어떤 가벼움에 대해 경험한다. 떨어지는 수호천사의 손을 움켜잡으면서 그 붙잡음을 선행이라고 생각하는 것은 아무래도 이상한 일이다. 그러니 당연히 시인은 "선행과 상관없는 동행./그런 것을 언제까지고 반복해보고 싶다"(「외국인들」)고 말하게 되는 것이다. 사랑하는 친구와 함께하면서, 또한 연인에게 청혼하면서 자기가 선행을 행한다고 믿는 어리석은 자는 세상 어디에도 없다.

시인이 잡은 "너의 손바닥"은 가벼운 "신비의 작은 놀이터"일 뿐이다. 놀이터 안에는 놀이가 존재한다. 그런 점에서 시인은 누군가의 손안에 있지만 하이데거의 '손안에 있는 존재'와는 거리가 멀다. 그곳에서는 모든 것이 손안의 친근한 도구로서가 아니라 새로운 유쾌함과 명랑함을 유발하는 낯선 것의 쓰임을 가지고 등장한다. 쓰임이라는 말에 지나친 거부감을 가질 필요는 없다. 낯선 필요 혹은 엉뚱한 필요를 발명해내는 것이 시인일 테니까. 그의 신비한 놀이터에는 외국인 같은 아버지, 조이스의 후손을 자처하는 술주정뱅이(시인에 따르면 여행 중 교토에서 만난 Mr. Joyce는 아일랜드의 철강 노동자란다) 같이 엉뚱한 존재들이 어슬렁거린다. 집 안에 존재하는 모든 사물들의 용도를 적확하게 지정해야 할 최고 주권자인 아버지조차 여행자이며 어린아이다. 아버지는 "여행을 가면 꼭 한 번은 울게"(「외국인들」) 되며, 토끼를 치며 듬직한 성인 남자가 되려고 맘먹었을 때조차 그 "마음속에 많은 방랑이 녹슨 왕관처럼 굴러"다니는 사람일 뿐이다. 도대체 아버지가 하려는 토끼 사육에 헤밍웨이와 스타인벡의 소설이 무슨 필요가 있단 말인가? 그는 도구적 세계의 중앙에서 친숙한 아버지로 존재하는 게 아니라 "태양이 영원히 뜨거운 상태로 죽어가듯"(「붉은 산과 토끼에 관한 아버지의 이야기」) 죽어가는 사람이다. 따라서 시인은 아버지 곁에서 충실한 장자이거나 혹은 반항하는 장자로 남는 대신 점점 무국적의 고아가 되어간다. 아버지는 어떤 권위 있는 질문도 만들어내지 않을 뿐만 아니라 세상의 질문에 어떤 정통한 대답도 내놓지 않는다. 그래서 아버지와 아들이 함께 있는 모습은 낯선 나라에 막 도착한 두 명의 소년이 자문자답하며 걷는 모습과 같다. 그리고 그들이 걸어 다니는 그 신비의 놀이터 구석구석에서 가장 서정적인 사건이 발생한다. 그 사건에 대해 한 체코 소설가는 이렇게 말한 적이 있다.

> 당신은 외국 도시의 거리를 거니는 미지의 사람입니다. 불시착자인 당신은 거리의 풍경을 다만 꿈속처럼 느끼고 이해할 겁니다. 모든 것을 빼앗긴 당신은 그냥 한 인간일 뿐이고, 〔……〕 눈과 심장일 뿐이고, 놀라움일 뿐이고, 기쁨 없는 체념일 뿐입니다. 자기 자신을 잃는 것보다 더 서정적인 것은 없습니다. ──카렐 차페크, 「유성」

신비의 놀이터에서는 모든 사람이 자기 자신을 잃는다. 아버지는 아버지의 모습을, 노동자는 노동자의 모습을 잃어버리며 연인조차 연인의 친근한 모습을 잃어버린다. 그분과 그와 그녀는 모두 그 자신의 과거와 이별하는 자들이며 자신의 멸망을 재촉하는 자들이다. 이별과 멸망을 목도하는 이들은 놀라움을 느낀다. 그들은 맘대로 감기지 않는 눈동자처럼 이별의 광경을 바라보고, 그들의 영혼은 자신의 의지와 무관한 불수의근인 심장처럼 멋대로 박동 친다.

어느 누가 자신의 멸망을 기뻐하겠는가? 그것은 기쁨 없는 체념일 뿐이다. 그러나 그것을 슬픔이라 부를 수는 없다. 따라서 이별이라는, "이 별의 일이 아닌 것" 같은 "이별의 일"(「이 별의 일」)을 바라보는 시인은 결국 이렇게 선언하게 된다. "기쁨과 슬픔 사이의 빈 공간에/딱 들어맞는 단어 하나를"(「나의 친애하는 단어들에게」), 아주 커다란 단어 하나를 만들어내겠노라고.

이 단어가 무엇인지 우리는 쉽게 말할 수 있다. 그것은 사랑이다. 사랑만큼 기쁨과 슬픔의 야릇한 동시성을 만들어내면서 그 동시성으로 기쁨과 슬픔을 비워버리는 빈 공간이자 빈 활동으로 존재하는 것이 어디 있으랴. 그 사랑 속에서 우리는 사랑이 시작되기 전의 오랜 과거 동안 우리가 무슨 보물이라도 되듯 간직해왔던 고유한 자신의 특성들을 분실하고 또 망가뜨리면서 존재한다. 자신을 잃어버리는 신비하고 서정적인 놀이터에 도착하는 일이 그리 어렵지는 않다. 그저 추락하는, 어느 바닥의 심연으로 불시착하는 너의 손을 잡으면 된다. 그때 내 손안에 있는 존재는 도구가 아니라 그저 너의 따뜻한 손바닥이다. 이 손의 유일한 쓸모는 나를 변화시킨다는 것. 그런데 그런 이유로 너의 손바닥은 안전하지도 친밀하지도 않다. 오히려 너의 손을 잡으며 나는 계속 스스로에게 낯설어지고 상처 입으며 도저한 공포를 느낀다. 그러나 이러한 손-잡기는 격정적이면서도 가벼운 것이다. 연인의 흰 손, 친구의 거친 손, 혹은 한 권의 책을 잡으면서 우리는 가벼워져야 한다. 블랑쇼는 독서에는 가벼움이 있어야만 한다고 했다. "가벼움, 거기에 보다 무거운 염려의 움직임을 소망하지 않아야 한다. 가벼움이 우리에게 주어지는 그곳에 무게가 부족하지는 않기 때문이다"(『문학의 공간』, p. 288).

5

 얼마 전 시인은 희망버스를 타고 한진중공업 농성장에 갔다 와선 가볍게 말했다. "그냥 놀러 갔다 온 거예요." 더 값싼 노동력을 찾아 타국으로 이동하는 자본의 흐름 때문에 쓸모없어진 사람, 그래서 35미터의 고공 크레인에 올라가야 했던 사람, 그 사람을 만나러 가는 일은 쓸모없는 일이다. 그렇게 현존하는 세계의 쓸모로 환원되지 않는 활동들은 모두 노는 것이다. 그는 가볍게 죽어가고 그렇게 다른 사람이 되어가면서 낯선 길을 걷는다. 그 가벼운 발걸음으로 충분하다. 거기에는 자신에게 할당된 자리에서 한 발짝도 못 나아가게 잡아당기는 악마의 중력이 없을 뿐 '문디(Mundi, 세상)'의 무게가 없는 것은 아니기 때문이다.
 그는 낯선 길을 가며 여행하는 자가 도둑을 만나 소지품을 번번이 털리듯 자기가 가진 것을 점차 다 빼앗긴다. 그렇게 가난한 시인은 작품에 숨겨둘 금화를 가지고 있지 않다. 시인이 이토록 가난하고 가벼우니 그의 시집을 펼치며 우리도 그저 가난하고 가벼워질 일이다. 아름다운 시집 한 권을 손에 들고 첫 장을 펼치기 위해 대단한 운명적 결단을 하는 독서가는 없다. 그러니 타인의 손을 잡고 세계를 펼치는 일에서도 가볍게 격정적이어야 한다. 물론 그 가벼움 속에서 우리는 빈털터리가 되고 점점 눈앞에 없는 사람이 되어갈 테지만 그러면 또 어떻겠는가. 우리가 헛되이 흘리며 빼앗긴 금화로 세상의 골목들이 부유해질 것이다. "사람들의 말 하나하나가／ 풍요로운 국부(國富)를 이루"(「호시절」)는 시절이 올 것이다.

그런 점에서 "너는 말이야"(「'나'라는 말」) 블랑쇼적인 가난함으로 가득한 시집을 쓰는 중이구나. 내 손엔 선량하지 않으나 가장 서정적인 시집 하나가 들려 있다. 우리의 것인 그 책을 내가 펼칠 때마다 넌 내 영혼을 세상의 가장 먼 곳까지 흩뿌려놓을 작정이군. 나의 가장 가난하고 아름다운 게니우스, 너는 말이야.